探索＆求知

在家也能做的科学小实验

蓝奥星空俱乐部◎编

新华出版社

图书在版编目（CIP）数据

探索&求知： 在家也能做的科学小实验 / 蓝奥星空俱乐部编

北京： 新华出版社, 2018.7

ISBN 978-7-5166-4254-2

Ⅰ. ①探…　Ⅱ. ①蓝…　Ⅲ. ①科学实验 – 小学 – 教学参考资料

Ⅳ. ①G624.63

中国版本图书馆CIP数据核字(2018)第152621号

探索&求知：　在家也能做的科学小实验

编　　者：蓝奥星空俱乐部

责任编辑：唐波勇　　　　　　　　　　**封面设计：**臻美书装
责任印制：廖成华

出版发行：新华出版社

地　　址：北京石景山区京原路8号　　　　**邮　　编：**100040

网　　址：http：//www.xinhuapub.com

经　　销：新华书店、新华出版社天猫旗舰店、京东旗舰店及各大网店

购书热线：010 – 63077122　　　　　　**中国新闻书店购书热线：**010 – 63072012

照　　排：臻美书装

印　　刷：三河市君旺印务有限公司

成品尺寸：170mm×240mm

印　　张：20　　　　　　　　　　　　**字　　数：**230千字

版　　次：2018年9月第一版　　　　　　**印　　次：**2018年9月第一次印刷

书　　号：ISBN　978-7-5166-4254-2

定　　价：49.80元

版权专有，侵权必究。如有质量问题，请与出版社联系调换：010-63077101

前　言

　　科学并不遥远，它就在我们身边。它隐藏在白菜变色的过程中，它随着铁粉和沙子的成功分离而现身，它可以让美丽的烟花在牛奶中绽放……只要你留心观察，只要你和爸爸妈妈一起去动手实验，你就会发现心中的很多疑惑得到解答。空气有重量吗？磁铁有什么特性？肺的呼吸过程是怎样的呢？在这些简单有趣的实验中，你不仅会学习完所有小学阶段必备的科学知识，为日后学习初中物理、化学、生物等学科打下良好的基础，而且可以感受到科学的乐趣，读懂科学的奥妙。

　　本书将 80 个科学小实验分为科学魔法师、奇妙的科学现象、生活小窍门、小小工程师、游戏中的科学和自然的奥秘六部分，分别从问题导入、教学大纲对接、你需要准备、注意事项、动手做一做、发生了什么、实验的原理、知识小链接、请你来思考等方面详细介绍每个小实验，并且在每个实验后面设置了科学日记部分，让小朋友们可以及时记录自己的收获。如果小朋友们在实验中遇到了困难，可以扫描二维码观看我们为大家准备的实验视频，里面有详细的说明。

　　小朋友们，希望这本书能让你们感受到科学实验的乐趣，品尝一番小小科学家的滋味，体验科学世界的神奇。

蓝奥星空俱乐部

目 录
CONTENTS

科学魔法师

奇妙的科学现象

生活小窍门

小小工程师

游戏中的科学

自然的奥秘

关于蓝奥星空俱乐部

　　蓝奥星空俱乐部，坐落于创新人才云集的中关村创客小镇，在青少年科学教育蓬勃发展的时代背景中应运而生，全面聚焦青少年科学技能和素质拓展教育，以全新的教育理念、科学的教育模式、求真务实的教育精神，描绘科学教育的宏伟蓝图。

　　蓝奥星空俱乐部拥有来自北大、清华、中科院、人大、北航、北理工等国内一流高校科研院所专家和硕士、博士组成的团队进行课程研发和授课，确保所开展活动的内容和方式符合学生认知水平和知识结构特点，提高学生的科学素养与人文素质。

　　团队自2015年起参与北京市中小学生"课后一小时"科学实践活动，并于2016年作为第一批资源单位合作方，开始参与北京市教委组织的初中开放性科学实践活动。2015—2016学年，为3000余名学生提供了优质的科学实践活动。2016—2017学年近2万人次的学生参与到我们所提供的科技活动中来。

迄今为止，蓝奥星空已成功与北京 20 多所中小学进行合作，开展初中开放性科学实践活动和课后一小时活动。在立足北京的同时，蓝奥星空俱乐部积极开展外省市的科学教育推广活动，并受邀参加包头一中科技节、大庆石油中学科技节义卖活动、日照第一中学科技嘉年华等活动。形式新颖、生动有趣的科学体验，受到学校师生的广泛欢迎。

1

科学魔法师

　　在生活中，我们经常会看到一些魔术师表演一系列神奇的节目，这些节目让我们大开眼界，感觉像是被施了神奇的"魔法"。他们能够隔空把蜡烛点燃，这是为什么呢？把一根长竹签插入气球中，气球为什么不会爆炸？两本连在一起的书，为什么用大力气也无法分开……你肯定有许多的疑问，不用担心，你的疑问都将得到解答，现在让我们满怀期待，踏上探索的旅程吧！

吹不动的纸

小朋友们，你们见过风吹纸动的现象吗？通常情况下，薄薄的纸片，被风一吹就跑了，今天教大家一招，可以让纸片在风中屹立不倒。到底是什么秘诀呢？赶紧让我们一起去探索吧！

教学大纲对接

物质科学领域：了解空气的流速影响物体所受的大气压力。

你需要准备

电吹风1个、硬纸片1张

🔭 注意事项

小朋友们，使用电吹风请注意用电安全。

🛸 动手做一做

1. 将电吹风对着硬纸片吹，硬纸片立马被风吹走了。

2. 将硬纸片两边往里折叠使纸立起来。

3. 再次对着硬纸片吹风，观察现象。

扫描二维码可以观看实验视频哦！

📊 发生了什么 （答案可以在实验视频中找到哦）

实验的原理

空气流速会改变气压，流速越大，气压越小。当风流过纸片底部时，纸片底部空气压强减小，纸片上方的气压大于下方的气压，从而形成气压差，因此空气将纸片紧紧压住，所以就吹不动了。当风停止时，纸片上下的气压差消失，纸片又恢复了原状，这就是著名的伯努利现象。

知识小链接

小朋友们，你知道飞机是如何起飞的吗？飞机机翼采用上方凸起，下方平直状，正是利用伯努利原理。由于机翼上方成凸起状，导致空气流速较快，气压减小，机翼下方流动速度较慢，压强增大，从而机翼上下产生压力差，形成托举力，从而使得飞机能飞上天空。

空气流动速度较快，压强小

压力差 托举力

空气流动速度较慢，压强大

请你来思考

小朋友们，你们是否知道为什么大树底下好乘凉呢？

科学日记

_____年____月____日 星期____天气_____

分不开的书

小朋友们，怎样能让两本书紧紧地连在一起，就像是用胶粘上的一样呢？方法其实很简单，让我们一起来试一试吧！

教学大纲对接

物质科学领域：知道日常生活中常见的摩擦力。

你需要准备

厚度相同的书 2 本

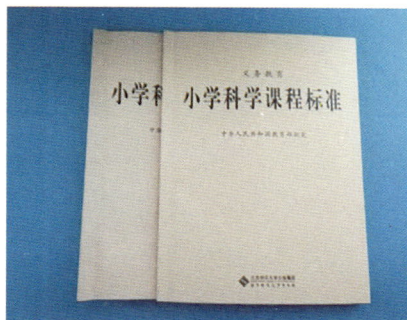

注意事项

书需要有一定的厚度，大约 100 页左右。

🛸 动手做一做

1. 将两本书一页压一页交叉合并。

2. 双手分别夹住两本书的边缘用力。

扫描二维码可以观看实验视频哦！

📚 发生了什么 （答案可以在实验视频中找到哦）

⚗️ 实验的原理

　　每一页纸都是有重量的，所以上面的纸对下面的纸是有压力的，这样纸与纸之间就具有了摩擦力。压力会随着书页的增多而加大，摩擦力也随之增大，两本书就靠摩擦力紧紧地结合在一起了。

⚛️ 知识小链接

　　摩擦力在生活中非常常见。比如，我们在走路的时候，是鞋底对地面产生了向后摩擦力，我们才能向前行走。刹车时，车轮胎与地面产生了摩擦才能够让车停下来。手握筷子吃饭，用铅笔写字，用黑板擦擦黑板等都靠的是摩擦力的作用。

请你来思考

小朋友们，如果是两本薄薄的书，实验还能成功吗？

科学日记

_____年_____月_____日　星期_____天气_____

隔空点燃蜡烛

小朋友们看过《哈利·波特》吗？是不是每次看都会幻想自己拥有神奇的魔法呢？本次实验，就是教大家学会一种神奇的魔法——隔空点燃蜡烛。小朋友们想学吗？接下来我们一起来看看怎么操作吧。

教学大纲对接

物质科学领域：知道物质一般有三种状态，分别是固态、液态和气态，并且在一定条件下，三种状态之间可以相互转化。

你需要准备

玻璃杯 1 个、蜡烛 1 个、火柴 1 盒

注意事项

小朋友们，使用火柴的时候要请家长来帮忙哦。

动手做一做

1. 将蜡烛点燃，然后将玻璃杯倒扣在蜡烛上。

2. 蜡烛熄灭后，轻轻撤去杯子。

3. 迅速点燃蜡烛上方的白烟，观察现象。

扫描二维码可以观看实验视频哦！

发生了什么 （答案可以在实验视频中找到哦）

实验的原理

点燃蜡烛后，烛焰周围的石蜡慢慢熔化，形成烛油，温度升高，烛油汽化产生石蜡蒸汽。蜡烛被熄灭后，石蜡蒸汽冷凝，形成白烟，遇上明火会燃烧，所以这些白烟就成了导火索，火顺着它就将蜡烛点燃啦。

知识小链接

物态变化：在物理学中，我们把物质从一种状态变化到另一种状态的过程，叫作物态变化。

熔化：对物质进行加热，使物质从固态变成液态的过程。

汽化：物质从液态变为气态的相变过程。

凝华：物质从气态直接变成固态的现象。

请你来思考

小朋友们，想一下为什么煤气泄漏的时候不允许有明火呢？

科学日记

_____年____月____日 星期____天气_____

魔幻彩虹糖

小朋友们，你们一定吃过彩虹糖吧。彩虹糖因其绚丽多彩的颜色和多种多样的口味而备受小朋友们喜欢。其实彩虹糖除了好吃，还能用来做有趣的实验。你是不是已经迫不及待了？赶紧让我们一起去探索吧！

教学大纲对接

物质科学领域：有些物质在水里能够溶解。

你需要准备

盘子 1 个、彩虹糖 1 包、水 1 杯

注意事项

小朋友们，实验中使用盘子时，注意不要打碎哦！

动手做一做

1. 沿着盘子的边缘，将不同颜色的彩虹糖交错摆成1个圆圈。

2. 缓慢地往盘子中间倒水，直到彩虹糖一半被水浸没。

3. 静置一会儿，观察盘子里的现象。

扫描二维码可以观看实验视频哦！

发生了什么 （答案可以在实验视频中找到哦）

🧪 实验的原理

物质溶于水后，短暂地造成密度梯度，接近物质的溶液密度高，远离物质的溶液密度低，密度高的溶液会向密度低的溶液流动，形成对流。开始的时候彩虹糖的颜色随着水流向四周扩散，没有明确方向，直到遇到旁边糖果的糖水受到了阻碍。由于扩散是密度梯度造成的，而且水流的速度缓慢，在遇到阻碍后就向其他方向流动，因此各部分颜色就难以混合，最后流到盘子中间形成了一个彩虹圈。

⚛ 知识小链接

小朋友们，物质溶于水之后，水的密度会变大吗？世界上最咸的咸水湖是死海，它有一个非常著名的现象就是人能漂浮在水面上。这是因为死海里水的盐度非常高，水的密度很大，这就造成水的浮力增大。当人们躺在死海里，水的浮力就把人体支撑起来，人就漂浮在水面了。

🤸 请你来思考

小朋友们，你还知道密度在生活中有哪些应用？

科学日记

_____年____月____日　星期____天气_____

魔术棒

小朋友们，有时我们的手上、衣服上或者头发里会有噼噼啪啪的动静，你知道为什么吗？这是一种静电现象，今天的实验你将了解静电效应和一些特定现象的原理，你准备好了吗？

教学大纲对接

物质科学领域：学生初步认知静电效应。

你需要准备

剪刀 1 把、A4 纸 1 张、中性笔 1 支
牙签 1 根、橡皮泥 1 块、羊毛织物 1 块

🔭 注意事项

1. 小朋友们，在使用剪刀的过程中要注意安全，不要伤到自己的手哦。

2. 小朋友们，要用力摩擦中性笔，如果不产生足够的静电，四角星无法转动。

🛸 动手做一做

1. 将 A4 纸按照图示方法进行折叠，裁剪成一个正方形。

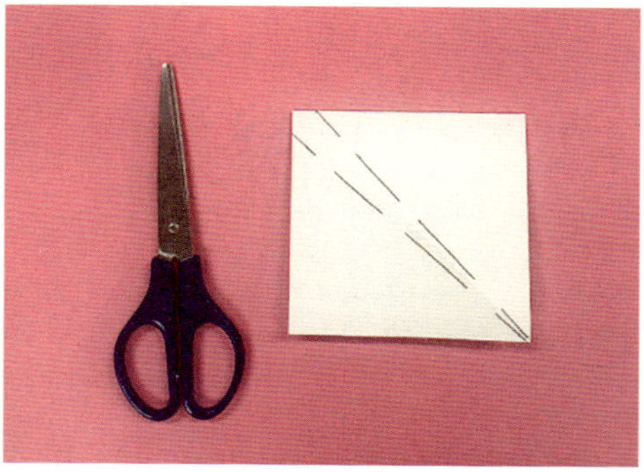

2. 将正方形对折 2 次，按照图示虚线位置进行裁剪。

3. 将牙签插在橡皮泥上。

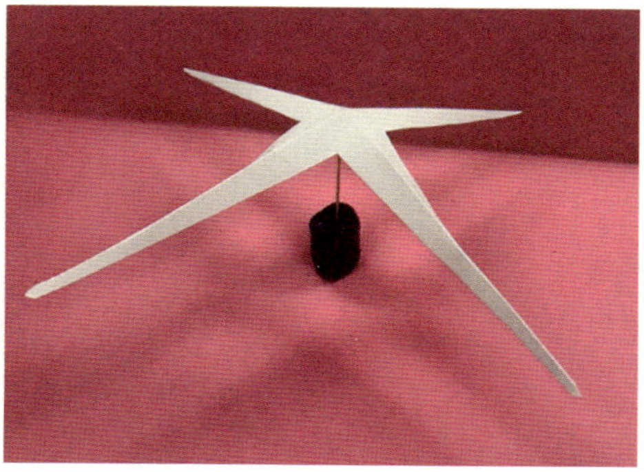

4. 将剪好的四角星中心位置放在牙签的顶端。

5. 用羊毛织物用力摩擦中性笔。

6. 用中性笔在四角星的上方转圈。

扫描二维码可以观看实验视频哦！

发生了什么（答案可以在实验视频中找到哦）

实验的原理

中性笔因为羊毛织物的摩擦而带上负电荷，从而拥有了吸引纸张上正电荷的能力，因此当中性笔在四角星上方转圈时，四角星就跟随转动。

知识小链接

小朋友们，你知道吗？自然界中存在着两种电荷，它们分别为正电荷和负电荷。用毛皮摩擦过的橡胶棒上带的电荷叫负电荷，用丝绸摩擦过的玻璃棒上带的电荷叫正电荷。同种电荷相互排斥，异种电荷相互吸引。

请你来思考

小朋友们，你能列举出符合本实验原理的生活现象吗？

科学日记

_____年____月____日 星期____天气_____

七彩音乐瓶

　　我们生活在一个充满声音的世界里，有了声音，我们可以随意交流，可以听到美妙的音乐。声音有高有低、有强有弱，那么声音为什么会不同呢？声音有什么特征呢？接下来就让我们一起来探索吧！

教学大纲对接

　　物质科学领域：声音是能量的一种表现形式，通过实验让学生知道声音是由物体振动而产生的，并且声音有高低之分。

你需要准备

玻璃杯 7 个、色素 7 瓶、木筷 1 根

注意事项

玻璃杯是易碎品，小朋友们操作过程中要小心谨慎哦。

动手做一做

1. 在 7 个玻璃杯中分别滴入 7 瓶不同的色素 1 到 2 滴。

2. 然后按照由高到低的顺序往玻璃杯中注入水。

3. 用木筷敲击玻璃杯，听玻璃杯发出的声音。

扫描二维码可以观看实验视频哦！

📊 发生了什么 （答案可以在实验视频中找到哦）

⚗️ 实验的原理

由于玻璃杯内的液面高低不同，敲击玻璃杯后，玻璃杯及内部液体的振动频率就会不同，从而发出高低不同的音调。水越多，振动越慢，音调越低；水越少，振动越快，音调越高。

⚛️ 知识小链接

声音是由物体振动产生的声波，是通过介质传播并能被人或动物听觉器官所感知的波动现象。声音作为一种波，频率在 20 Hz~20 kHz 之间的声音是可以被人耳识别的。高于这个范围的波动称为超声波，而低于这一范围的称为次声波。狗和蝙蝠等动物可以听得到高达 16 万赫兹的声音。鲸和大象则可以产生频率在 15 到 35 赫兹范围内的声音。声音有很多特性，如响度、音调、音色等，感兴趣的小朋友可以查阅资料去了解更多关于声音的小知识哦。

🧒 请你来思考

小朋友们，你和其他小朋友说话声音不同是由声音的哪个特性决定的呢？

科学日记

_____年____月____日　星期____天气_____

气球遇上橘子皮

小朋友们，你们知道网上流传着"橘子引爆气球"的说法吗？吃橘子时，只要溅出一点橘皮汁到气球上，气球会瞬间爆炸。这究竟是真是假？你是不是已经迫不及待想做这个实验了？赶紧让我们一起去探索吧！

教学大纲对接

物质科学领域：学生了解物体的构成成分。

你需要准备

橘子1个、气球1个、打气筒1个

注意事项

　　小朋友们，要请家长来帮助你做实验哦，注意气球爆炸时不要被伤到。

动手做一做

1. 剥开橘子，撕下一块橘子皮。

2. 用打气筒对气球充气，并将气球的出气口系死。

3. 对着气球挤压橘子皮，将挤出的橘皮汁溅到气球上。

扫描二维码可以观看实验视频哦！

发生了什么 （答案可以在实验视频中找到哦）

🧪 实验的原理

　　橘子的果皮外有一层油脂腺，里面含有很多芳香类精油，这些精油的主要成分是烯、萜、醇、酯 4 大类有机物。制作气球的橡胶多是顺丁二烯，它跟烯烃类有机物的性质比较相似，很容易相互溶解。所以，当橘子皮油汁中的烯类有机物溅到气球上，会使气球表层的橡胶溶解，而气球被吹鼓后，处于紧绷状态，一旦某个局部发生溶解，导致受力不均，就会瞬间爆炸。

⚛️ 知识小链接

　　小朋友们，你们见过热气球吗？热气球是人类最早的升空载体。它是一个比空气轻，上半部是一个大气球状，下半部是吊篮的飞行器。热气球的内部空气被加热，这样相对于外部冷空气具有更低的密度，作为浮力来使整体发生位移。热气球可用于航空体育、摄影、旅游等。第一个载人热气球由孟格菲兄弟制作，他们受碎纸屑在火炉中不断升起的启发，用纸袋把热气聚集起来做实验，使纸袋能够随着气流不断上升，最终发明了载人热气球。

请你来思考

小朋友们，你还知道气球在生活中有哪些应用？

科学日记

_____年_____月_____日　星期_____天气_____

铅笔穿水袋

小朋友们，平时我们用铅笔可以写字、画画等等，如果我们把铅笔削得很尖锐，它可能会把纸给戳破。那你能想象用铅笔穿透装满水的袋子，水袋破了，但是水不会漏出来吗？这是为什么呢？赶紧让我们开启今天的实验之旅吧！

教学大纲对接

物质科学领域：学生了解材料具有一定的性能。

你需要准备

铅笔 2 支、密封袋 1 个

注意事项

1. 小朋友们，实验中请注意不要让尖锐的铅笔伤到手哦。

2. 小朋友们，装好水后要将密封袋封紧，否则实验不会成功。

动手做一做

1. 将密封袋中装满水，并将封口处密封好

2. 将第一支铅笔从密封袋中穿过。

3. 将第二支铅笔从密封袋中穿过。

扫描二维码可以观看实验视频哦！

发生了什么（答案可以在实验视频中找到哦）

🧪 实验的原理

铅笔穿过密封袋但水没有流出来是由密封袋的材质决定的，密封袋是由高分子聚合物制成的，当尖锐的铅笔穿过水袋后，破口处的塑料会紧紧收缩而箍住笔杆，达到密封效果，不使袋中的水泄漏，因此水不会流出来。

⚛ 知识小链接

小朋友们，我们再来看一个类似的实验。如果我们将一根竹签穿入气球，气球也不会被扎破，同样是因为气球是有弹性的，当形状规则的竹签穿过气球后，气球壁仍能紧紧地包裹住竹签，因此气球不会漏气，你学会了吗？

🐵 请你来思考

小朋友们，如果你把铅笔拔出来，会发生什么呢？尝试一下。

科学日记

_____年 ____月 ____日　星期 ____ 天气 _____

切不断的纸

小朋友们，你觉得纸和苹果哪个更坚硬呢？可能很多小朋友会觉得纸是薄薄的一层，用手轻轻一撕就断了，而苹果用手很难掰开，需要借助刀子。不过小朋友们不要着急下结论，今天就让我们变身科学小侦探，去探索一下这个问题吧！

教学大纲对接

物质科学领域：学生初步认识作用力与反作用力。

你需要准备

苹果 1 块、纸 1 张、水果刀 1 把

注意事项

小朋友们，实验过程需要大人全程陪伴，小心用水果刀，避免伤到手哦。

动手做一做

1.将纸对折，然后包住水果刀的刀刃。

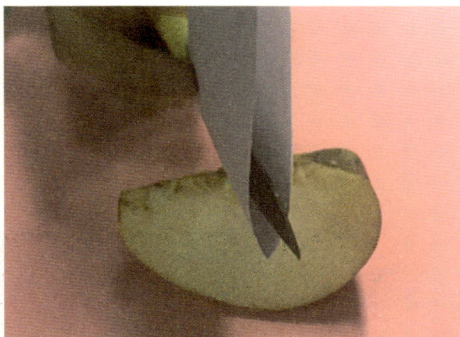

2.用纸包裹住刀刃后，尝试切苹果，观察苹果和纸哪个被切断了。

扫描二维码可以观看实验视频哦!

发生了什么 （答案可以在实验视频中找到哦）

实验的原理

　　裹在刀上的纸张，不仅受到了来自刀刃的作用力，还受到了来自苹果自身的作用力，而这两个力在切苹果的过程中，纸张受到的合力为 0。再加上纸中纤维的柔韧性要比苹果中纤维的柔韧性好，所以刀把苹果切开后，纸张依然完好无损。

🔬 知识小链接

小朋友们，我们一起来看一下作用力和反作用力的概念。如果把物体 A 给物体 B 的力叫作作用力，那么物体 B 给物体 A 的力就叫反作用力。两个物体之间的作用力和反作用力，总是大小相等，方向相反，作用在同一条直线上。

🐵 请你来思考

小朋友们，关于作用力和反作用力，你还能想到生活中的其他例子吗？

📚 科学日记

_____年_____月_____日　星期_____天气_____

水幕幻灯机

小朋友们，你们知道幻灯机吗？老师上课的时候就用到了哦，想到它是什么样子了吗？今天呢，我们一起做一个特别的幻灯机——水幕幻灯机，我们来看看用水做的幻灯机有什么特别之处吧。

教学大纲对接

物质科学领域：引导学生了解光在不同的物质中传播方向会发生变化，学习光的折射现象。

你需要准备

玻璃杯（装满水）1个、图画若干、夹子2个

注意事项

小朋友们，实验过程中注意不要打碎玻璃杯伤到手哦

动手做一做

1.将小猪佩奇用夹子夹住并立起来。

2.在玻璃杯前观察小猪佩奇和原图案有什么不同。

3.将小鸡图案夹住并立起来。

4.在玻璃杯前观察小鸡和原图案有什么不同。

5.将小鱼图案夹住并立起来。

6.在玻璃杯前观察小鱼和原图案有什么不同。

7.将箭头图案夹住并立起来。

8.在玻璃杯前观察箭头和原图案有什么不同。

9.将汉字图案夹住并立起来。

10.在玻璃杯前观察汉字和原图案有什么不同。

扫描二维码可以观看实验视频哦！

发生了什么（答案可以在实验视频中找到哦）

实验的原理

光线从空气进入水中时会发生折射，并且玻璃杯倒满水后杯内的水柱相当于一个凸透镜，在某个距离区间内我们看到的图像就是相反的。

知识小链接

光从一种介质斜射入另一种介质时，传播方向发生改变，从而使光线在不同介质的交界处发生偏折。由于光在两种不同的物质里传播速度不同，所以在两种介质的交界处传播方向发生变化，这就是光的折射。

请你来思考

小朋友们，你还知道哪些关于光的折射的小例子呢？

科学日记

_____年____月____日　星期____天气_____

水中作画

小朋友们，你喜欢画画吗？平时你都是在哪里画画呢？我们可以画画的地方有很多，比如纸上、黑板、墙壁等等。但我猜你一定没有在水上画过画，相信很多小朋友都会好奇如何在水上画画，这次实验我们就一起来尝试一下！

教学大纲对接

物质科学领域：学生认识某些材料具有一定的性能。

你需要准备

水盆 1 个、白板笔 1 支、玻璃镜 1 块

注意事项

1. 小朋友们，图案画好后一定要静置 2 分钟再放入水中。

2. 小朋友们，玻璃镜放入水中的速度一定要慢。

动手做一做

1. 用白板笔在玻璃镜两端画上圆形图案。

2. 将玻璃镜放在干燥处静置。

3. 将玻璃镜慢慢放入水中。

扫描二维码可以观看实验视频哦！

发生了什么 （答案可以在实验视频中找到哦）

实验的原理

白板笔中的油墨成分凝固后会在玻璃镜表面形成一层很薄的黏膜，这种特性使得白板笔的油墨黏膜极易与玻璃镜脱离。油墨黏膜密度比水小，遇水后油墨黏膜受到向上的浮力，在该浮力作用下，油墨黏膜仿佛被水轻轻地"撕下来"并漂浮到水面上，仿佛形成了一幅水中画。

知识小链接

小朋友们，平常生活中你用过白板笔吗？白板笔是一种在白板上进行书写的工具。那你知道为什么白板笔写完字后很容易用白板擦擦掉不留任何痕迹吗？因为白板笔的墨水经过凝固后会在白板表面形成一层很薄的黏膜，经过白板擦拭后成为条状或块状颗粒，不会在白板上留下任何污渍。

请你来思考

小朋友们，如果将白板笔换成记号笔，对实验结果会有什么样的影响？

科学日记

_____年____月____日 星期____天气_____

无字天书

小朋友们，你们在电视中有没有看到过这样一个场景：本来是一张白纸但是在蜡烛上烤一烤、用手电筒照一照或者在水中浸泡一下文字就出现了。这是间谍传递消息的常用手段。你们想不想写一封这样的密信给你的朋友呢，接下来我们一起来学习一下吧。

教学大纲对接

物质科学领域：热是人们常用的一种能量表现形式，热可以改变物质的状态。

你需要准备

白纸 1 张、塑料杯（装有白醋）1 个、蜡烛 1 个、棉签 1 支

🔭 注意事项

小朋友们，点燃蜡烛的时候要注意安全，用火烤白纸的时候要保持距离避免把纸烧着！并且实验要请家长陪同一起做哦。

🛸 动手做一做

1. 用棉签蘸白醋在白纸上轻轻地写字。

2. 将白纸晾干。

3. 把蜡烛点燃。

4. 小心地把白纸在蜡烛上烤。

扫描二维码可以观看实验视频哦！

发生了什么 （答案可以在实验视频中找到哦）

实验的原理

　　白醋是没有颜色的，将白醋轻轻涂到纸上晾干后纸上无法看到写过的字。将写有字的纸在蜡烛上烘烤时，白纸被加热，呈酸性的白醋使纸的纤维加速碳化，变成了红褐色，字就显现出来了。

知识小链接

　　生活中也有无色染料，常见的热敏纸就是在普通纸上涂敷无色染料等物质，热敏纸被置于70℃以上环境时，热敏涂层就开始变色。像出租车上打印的价格单、医院里的心电图纸和常用的彩票等都是热敏纸。

请你来思考

　　小朋友们，请你们想一想实验中的白醋可以用哪些物质来代替呢？

科学日记

_____年_____月_____日　星期_____天气_____

旋转的纸片

小朋友们，你们玩过走马灯吗？你们想不想知道为什么点燃蜡烛之后小灯笼自己就转起来了呢？接下来，我们一起做一个简单的小实验来探究一下走马灯的工作原理吧。

教学大纲对接

物质科学领域：引导学生知道并描述热空气可以上升的现象，了解空气的流动是风形成的原因。

你需要准备

蜡烛 1 个、彩纸 1 张、竹签 1 根、剪刀 1 把、铅笔 1 支

注意事项

小朋友们，使用火柴点燃蜡烛以及用剪刀剪纸片的时候都应该请家长来帮助你哦。

动手做一做

1. 用铅笔在彩纸上画上螺旋线。

2. 用剪刀沿着螺旋线把彩纸剪开。

3. 将螺旋的纸片顶端捏出一个凹槽将竹签顶在凹槽处确保旋转。

4. 把竹签插在蜡烛边缘，点燃蜡烛，观察纸片。

扫描二维码可以观看实验视频哦！

发生了什么 （答案可以在实验视频中找到哦）

实验的原理

蜡烛加热了空气，空气受热会上升，形成上升的热气流，推动了螺旋状的纸片旋转。

知识小链接

跑马灯，即走马灯。中国传统玩具之一，灯笼的一种，常见于除夕、元宵、中秋等节日。灯内点上蜡烛，蜡烛产生的热力造成气流，令轮轴转动。轮轴上有剪纸，烛光将剪纸的影投射在屏上，图像便不断走动。因多在灯各个面上绘制古代武将骑马的图画，而灯转动时看起来好像几个人你追我赶一样，故名走马灯。

请你来思考

小朋友们，你还知道哪些应用热空气上升原理的例子呢？

科学日记

_____年____月____日 星期____天气_____

牙签五角星

小朋友们，你们都知道牙签是用来做什么的吗？其实呀，牙签是很神奇的，我们可以用它来变魔术哦。想不想知道怎样用牙签来变魔术呢，接下来我们一起看看吧。

教学大纲对接

物质科学领域：让学生初步认识毛细现象，了解水的表面张力。

你需要准备

塑料杯（装有水）1 个、滴管 1 个、牙签 5 根

注意事项

　　小朋友们注意不要被牙签戳破手指哦，一定要请家长和你一起完成实验。

动手做一做

1.将牙签从中间位置折弯，但不要完全折断。

2.将牙签弯折处摆放在一起。

3.用滴管把水滴在牙签的聚拢处。

4.接下来观察牙签的变化。

　　扫描二维码可以观看实验视频哦！

发生了什么 （答案可以在实验视频中找到哦）

实验的原理

　　牙签是木制的，里面会有很多微小的"管子"，在牙签上滴水后，牙签断裂处的"管子"会吸水，并且会倾向于重新变直。而且由于水的表面张力，靠近中心的水的那部分牙签会相互远离，牙签就慢慢变成五角星了。

知识小链接

　　毛细现象渗透在我们生活的很多方面，既有有利的一面也有有害的一面。如果家里较长时间没人，可以在花盆的旁边放一盆水，再搭一条毛巾，一端放入盆内的水中，一端放在花盆内，水就会经过毛巾传到花盆内。如果我们洗澡的时候衣服的一角拖在地上，洗完澡我们会看到衣服湿了一大块。这都是由于水会顺着衣料的毛细结构不断往上移动造成的。

请你来思考

　　小朋友们，你们知道建房时为什么要在地基上面铺油毡吗？

科学日记

_____年____月____日 星期____天气_____

烟雾瀑布

　　小朋友们，你们知道我国几大著名瀑布吗？黄果树瀑布、壶口瀑布、德天瀑布等，它们是不是气势磅礴，破空直泻，让人赞叹不已？小朋友们，你们想象过在家里就能看到瀑布吗？接下来，让我们动手一起做一做吧！

教学大纲对接

　　物质科学领域：通过实验让同学们初步认识到物体具有一定的特性，物体在变化时，构成物体的物质也在发生变化。

你需要准备

　　饮料瓶 1 个、火柴 1 盒（或打火机）、双面胶 1 卷、A4 纸 1 张

注意事项

1.小朋友们，在实验过程中塑料瓶开孔在上半部分处。
2.小朋友们，实验全程记得请爸爸或者妈妈协助完成哦。

动手做一做

1. 将双面胶粘在 A4 纸最下面。

2. 将 A4 纸卷成一个纸筒。

3. 在塑料瓶的上半部分剪出一个圆孔，然后将纸筒从圆孔插进塑料瓶里。

扫描二维码可以观看实验视频哦！

4. 用火柴或打火机点燃纸筒的另一端。

发生了什么 （答案可以在实验视频中找到哦）

实验的原理

塑料瓶里像瀑布一样直泻而下的烟雾是一些没有充分燃烧的小颗粒，密度比空气大，在无风稳定的空气环境中是下沉的。而塑料瓶的作用就是隔绝外界空气流动，让烟雾的向下流动不受干扰。瓶中黄色的东西，就是那些未充分燃烧的小颗粒堆积而成的。

知识小链接

小朋友们，你们知道瀑布是怎么形成的吗？这是因为地壳运动。地壳发生断裂错动，而且断裂的两侧岩层又会产生相对升降，这样造成了很陡的岩壁。所以河流经过这陡崖时，自然就会飞泻而下，从而形成了瀑布。自从火山喷发以后，在火山顶端留下了一个火山口。假如积水成湖，湖水就会溢出，也有可能在火山口以外的地方形成瀑布。

请你来思考

小朋友们，如果将塑料瓶盖盖上，会发生什么？

科学日记

_____年_____月_____日　星期_____天气_____

扎不爆的气球

通常情况下，气球很容易被带尖儿的物体扎破，但是今天我们要做一个实验，能让竹签穿过气球，但是气球却不会爆炸。快来看一下究竟是怎么做的吧。

教学大纲对接

物质科学领域：学生认识摩擦力，知道摩擦力在日常生活中的应用。

你需要准备

竹签 1 根、工具刀 1 把、气球 1 个、橡皮筋 1 根

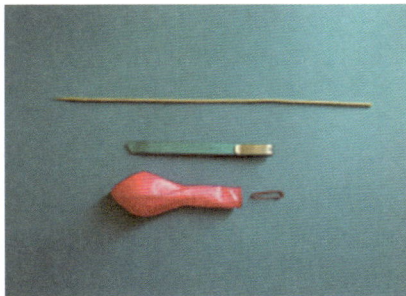

注意事项

使用工具刀削竹签的时候，一定要小心，以免伤到手。

动手做一做

1. 将气球吹到适当大小，用橡皮筋绑住口儿。

2. 将竹签的尖头儿削尖。

3. 将竹签对准气球底部颜色比较深的地方，慢慢地插进去。

4. 将竹签在气球的顶端颜色较深的地方穿出来。

扫描二维码可以观看实验视频哦！

发生了什么（答案可以在实验视频中找到哦）

🧪 实验的原理

气球的顶端和底部是比较特别的地方，受到的张力比较小，所以竹签扎进去后，气球表面不会突然破裂。另外，竹签穿过气球时，摩擦所产生的热量会让竹签边缘的胶皮紧紧地裹住竹签，这时气球中的空气就不会漏出去，内部空气没有流动，所以内外部大气压仍然保持平衡状态，整个气球也就不会爆炸。

⚛ 知识小链接

流体膜润滑区　　边界膜润滑区　　微凸体接触区

摩擦力的实质是电磁力，分为静摩擦力和滑动摩擦力，一方面来源于接触面的粗糙，另一方面跟分子间的作用力有关。接触面微小的凹凸处的"咬合"会阻碍两个物体相互运动，产生阻力。

🤖 请你来思考

小朋友们，摩擦可以产生热量，你能举出一些生活中的例子吗？

科学日记

_____年____月____日　星期____天气_____

绽放的纸花

小朋友们，手工课上我们可以用各种颜色的彩纸剪出漂亮的纸花，那这些纸花可以像真花那样绽放吗？今天让我们化身小科学家，通过一个实验去了解一下。

教学大纲对接

物质科学领域：学生初步了解毛细现象。

你需要准备

塑料盆（已加水）1 个、彩色纸 4 张、铅笔 1 支、彩笔 1 支

🔭 注意事项

1. 小朋友们，请在大人的帮助下使用剪刀，以防伤到手哦。

2. 小朋友们，太阳花开放需要一定的时间，要耐心等待哦。

🪲 动手做一做

1. 用铅笔在彩色的纸上画出太阳花的形状。

2. 用剪刀剪出太阳花的形状，然后用彩笔给太阳花画上花蕊。

3. 将太阳花的花瓣依次折叠起来。

4. 将折好的太阳花放入水中。

扫描二维码可以观看实验视频哦！

📊 发生了什么（答案可以在实验视频中找到哦）

🧪 实验的原理

　　纸花是由纤维制成的，纤维之间的缝隙很小，就形成了无数个非常细小的毛细管。当纸和水接触后，水会通过毛细管在很短时间内浸润到纸张的缝隙中，改变纸张的张力和形状，纸花就慢慢"绽放"了。

⚛ 知识小链接

　　我们总会看见，在植物园中有很多高大的树木屹然挺立。这么高的树，你知道水分是如何输送到顶端使树木健康生长呢？其实水被送到树顶的动力也是一种毛细现象，一般树木都有非常发达的根部体系，树木通过它们获取土壤中的水，再通过树干传送到树木的枝干和叶片当中。

🧙 请你来思考

　　小朋友们，如果用宣纸折纸花，你猜它会开花吗？开花的速度是更快还是更慢呢？请你尝试用宣纸试验一下？

科学日记

_____年_____月_____日 星期_____天气_____

2

奇妙的科学现象

　　在生活中总会有很多有趣的事情发生，你知道它们发生的原因吗？比如，一根针放入水中为什么不会下沉？气球为什么不会被火烧破？光滑的气球竟然能够抓起一个杯子，这是为什么呢……它们的发生都有一定的科学原理，接下来让我们一起去探究一下这些原理吧！生活就是一个不断学习的过程，希望我们每个人都保持一颗好奇心，善于发现生活中奇妙的科学现象。

杯子里的海底世界

小朋友们，你们见过海底世界吗？是不是一片蓝色，里面还有各种各样的生物在水中不停地运动？你们想象过在家也能看到海底世界吗？接下来，我们就动手一起来做一做。

教学大纲对接

物质科学领域： 学生初步认识到不同的液体密度不同，了解到有些物质能够溶解在一定量的水里。

你需要准备

蓝色色素 1 瓶、食盐少许、食用油少许、水 1 杯

注意事项

1.小朋友们，在实验过程中加入食用油后，一定要等到食用油分层明显后进行下一步，否则，实验会受影响哦。

2.小朋友们，在实验过程中第一次加入食盐时，一定要少量，第二次食盐加入大量，否则，实验效果会不明显哦。

动手做一做

1.将大量食用油加入水中。

2.加入几滴蓝色色素。

3.加入少量食盐。

4.加入大量食盐后，观察实验现象。

扫描二维码可以观看实验视频哦！

实验的原理

　　食用油浮在最上面，是因为食用油的密度小于水的密度。蓝色色素会下沉一点，是因为它的密度小于水的密度而大于食用油的密度，所以一开始蓝色色素会浮在食用油和水之间。在加入少量食盐后，蓝色色素密度增大，快速下沉并溶解在水中。在加入大量食盐后，食盐溶于水并快速扩散，从而带动蓝色色素分子运动，所以就形成了美丽的杯中海底世界。

知识小链接

　　　　　　　　　小朋友们，你们知道鸡尾酒为什么会有分层现象吗？鸡尾酒是由两种或两种以上的酒或由酒渗入果汁配合而成的一种饮品，按密度的大小依次倒进杯子，使之不混合在一起。因为酒精会互相混合，所以调制鸡尾酒应该先倒入密度较大的，然后依次密度小的。这样自然分层。反之如果先倒入密度小的，再倒入密度大的必然从先倒入的酒中穿过，会有较多的混合，影响分层效果。

请你来思考

小朋友们，该实验中如果食盐放的足够多，它还会溶于水吗？

科学日记

_____年____月____日 星期____天气_____

不沉的针

小朋友们，铁的密度大于水，但是铁针却能浮在水面上，你相信吗？今天我们就一起通过一个实验了解一下原因吧！

教学大纲对接

物质科学领域：水是一种常见的物质，通过本次简单的实验，学生将会知道水的张力。

你需要准备

回形针 1 个、纸巾 1 张、盛水容器 1 个

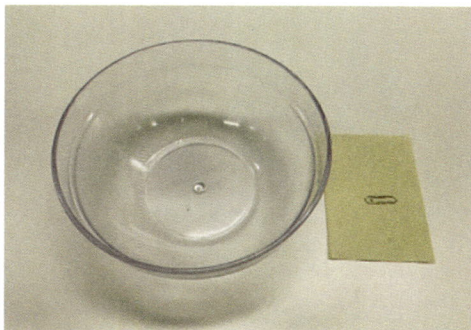

注意事项

小朋友们，在水面上放好纸巾后，要将回形针轻轻地放在纸巾上哦。

动手做一做

1. 在容器中倒入 3/4 的水。

2. 将回形针放入水中，发现回形针沉入水底。

3. 取一小块纸巾，平放在水面上浸湿，再把针放在水面上。

4. 用手慢慢取出浸湿的纸巾，观察回形针是否下沉。

扫描二维码可以观看实验视频哦！

实验的原理

水具有表面张力，如果我们不破坏水表面张力，水有足够的力量托住回形针，因此回形针会浮在水面上，而不会沉到水底。

发生了什么（答案可以在实验视频中找到哦）

知识小链接

　　小朋友们，我们再来深入地了解一下水的张力吧。由于水分子力的原因，在水的表面上会形成一个"水膜"，能够支撑水面较轻的物体或小动物。比如下过雨后，我们可以见到树叶、草上的小水珠都接近于球形。

请你来思考

　　小朋友们，你还能列举出生活中哪些关于水的张力的例子呢？

科学日记

_____年____月____日　星期____天气_____

合成图片

小朋友们，你们知道 PS 照片合成吗？就是将原本不在同一个照片上的人或者事物合成到一起。但是你能想象把手中简单的两张图片合在一起吗？接下来，我们自己动手做一做！

教学大纲对接

生命科学领域：学生初步认识到视觉暂留现象，并了解视觉暂留产生的原理。

你需要准备

硬纸板 1 块、竹签 1 根、彩笔 2 支、胶棒 1 个

注意事项

1.小朋友们，在固定竹签时要注意安全，在转动竹签时速度一定适中。

2.小朋友们，在转动过程中可以控制转动的速度，直到成功为止。

🛸 动手做一做

1. 用彩笔在硬纸板的一面画上一半的脸。

2. 在硬纸板的另一面画上另一半脸。

3. 快速转动竹签,观察实验现象。

扫描二维码可以观看实验视频哦!

🧪 发生了什么 (答案可以在实验视频中找到哦)

⚗️ 实验的原理

　　物体在快速运动时,当人眼所看到的影像消失后,人眼仍能继续保留其影像 0.1—0.4 秒左右的图像,这种现象被称为视觉暂留现象。

当竹签快速转动时，硬纸板的前后图像就会快速转动起来，两幅静态画因视觉暂留作用，感觉到第一幅画面还未消失，第二幅画面便出现了，使影像几乎同时在视网膜暂留，所以我们所感知到的图片就会变成一张。

知识小链接

小朋友们，你们知道吗？电影院里的图片就是每秒以 36 张的速度放映的，因此我们看到的就是连贯动作。这也是视觉暂留现象给我们的一种视觉错觉。

请你来思考

小朋友们，想一想怎么才能做到两张照片完全重合呢？

科学日记

_____年____月____日 星期____天气_____

鸡蛋的沉浮

小朋友们，你们见过这样的现象吗？同一个物体，放在不同的液体中，有的会让物体沉底，有的会让物体漂浮，这是为什么呢？今天我们就带大家做一个鸡蛋在不同液体中沉浮的实验吧。

教学大纲对接

物质科学领域：了解影响浮力的因素。

你需要准备

鸡蛋 1 个、玻璃杯 1 个、玻璃棒 1 支、食盐 100 克

注意事项

1.拿鸡蛋的时候要小心，不要打碎鸡蛋。

动手做一做

1. 将玻璃杯中倒入 4/5 的水。

2. 将鸡蛋放入水中，鸡蛋沉到了水底。

3. 将盐倒入玻璃杯中。

4. 用玻璃棒搅拌烧杯中的水，直至食盐全部溶解于水。

扫描二维码可以观看实验视频哦！

发生了什么 （答案可以在实验视频中找到哦）

实验的原理

因为鸡蛋的密度大于水的密度，所以鸡蛋会沉到水底。但是，逐渐加入盐后液体变成了盐水，盐水的密度要大于鸡蛋的密度，鸡蛋就浮上去了。

知识小链接

浸在液体中的物体，当它所受的浮力大于重力时，物体上浮；当它所受的浮力小于自身的重力时，物体下沉；当它所受的浮力与所受的重力相等时，物体悬浮在液体中，或漂浮在液体表面。

请你来思考

如果将食盐换成食用油倒入水中，它们会融合在一起吗？

科学日记

_____年____月____日 星期____天气_____

橘子沉浮

　　小朋友们，平时在家洗水果的时候，有没有发现有的水果是浮在水面上，有的却是沉到水底的，你们有没有想过这是为什么呢？今天我们就带大家做一个关于橘子沉浮的实验，让大家更好地理解其中的道理吧。

教学大纲对接

　　物质科学领域：观察生活中物品的漂浮能力。

你需要准备

　　有水的玻璃杯 1 个、橘子 1 个

1. 将完整橘子放到水杯中，观察橘子的浮沉。

2. 将橘子皮剥掉，重新放到水杯中，观察橘子的浮沉。

扫描二维码可以观看实验视频哦！

发生了什么 （答案可以在实验视频中找到哦）

实验的原理

　　一个完整的橘子，橘子皮包裹的不只是橘子瓣，还有一些空气，所以整个橘子的密度比水小，能够漂浮在水上。而剥了皮的橘子大部分是糖水和固体，整体密度比水大，所以就会沉到水底。

知识小链接

小朋友们，乘船的时候是不是都要穿好救生衣啊？这些保护我们安全的救生衣，里面充满了空气，这样救生衣的密度小于水，就可以浮在水上。所以穿上救生衣，万一落水的话就不用担心会沉下去啦。

请你来思考

小朋友们，你们还能想到密度低于水的其他物质吗？

科学日记

_____年____月____日 星期____天气_____

空气有重量吗

小朋友们，我们每一天每一分每一秒都离不开空气对不对？那你们知道空气有没有重量吗？这个问题是不是很难回答呢，没关系，接下来，我们就一起来动手做一做，看看空气到底有没有重量。

教学大纲对接

物质科学领域：空气具有一定的质量并占有一定的空间，形状随着容器而变化，没有固定的体积。那么接下来，我们就一起来认识一下空气吧！

你需要准备

线1团、吸管1根、气球2个（形状大小一样）

注意事项

小朋友们，固定线时左右要保持平衡，两个气球吹起至一样大小。

动手做一做

1. 两个气球吹至一样大。

2. 用线将气球固定在吸管上。

3. 在吸管中间用线吊起，保持平衡。

3. 扎破一个气球，观察实验现象。

扫描二维码可以观看实验视频哦！

发生了什么 （答案可以在实验视频中找到哦）

实验的原理

当气球破了之后，空气逸出，重量变轻，所以这一端上升。这就是气球内空气有重量的依据。

知识小链接

小朋友们，空气在气球中有重量，那在别的物品中会不会有呢？其实，空气是无处不在的。所以就有了有些食品要真空包装，这样一来就隔绝了空气。原来，食品暴露在空气中容易加速氧化，产生化学反应。

请你来思考

小朋友们，如果气球吹至不一样大会怎样呢？

科学日记

_____年____月____日 星期____天气_____

蜡烛烧针

　　小朋友们，你们一定知道用磁铁可以吸住铁针。那么在任何条件下，磁铁是否都能吸住铁针呢？今天我们将利用生活中的简单工具，来一起解开这个谜团。你是不是已经迫不及待了？赶紧让我们一起来探索吧！

教学大纲对接

　　物质科学领域：了解材料具有一定的性能及其性能的变化。

你需要准备

　　玻璃杯 2 个、铁针 1 根、线 1 根、蜡烛 1 根、打火机 1 个、吸铁石 1 块、盘子 1 个

注意事项

1. 小朋友们，请安全使用打火机。

2. 请在大人的帮助下使用针线，小心扎手。

动手做一做

1. 将 2 个玻璃杯倒过来水平放在盘子两边。

2. 将吸铁石放在其中 1 个玻璃杯的顶部。

3. 将细线穿过针，并将细线打结。

4. 将细线套在另 1 个玻璃杯上，调整针与吸铁石的距离，使针正好悬浮在空中。

5. 用打火机点燃蜡烛。

6. 用蜡烛烧针尖，观察现象。

扫描二维码可以观看实验视频哦！

发生了什么 （答案可以在实验视频中找到哦）

实验的原理

蜡烛烧针是一种铁磁性消失的现象，铁在受热超过一定温度下，铁的磁性消失。本质上而言，铁的铁磁性只在某一温度以下才表现出来，超过这一温度，铁磁性会消失，最终铁针掉落。

知识小链接

小朋友们，你们知道指南针吗？指南针又称司南，是中国古代四大发明之一，主要由罗盘和磁针组成，磁针在天然大地磁场的作用下可以自由转动并保持一定的方向，磁针的北极指向地理位置的北极，利

用这一性能可以辨别方向。在中国古代指南针主要应用于祭祀、礼仪、风水和占卜，而现代主要应用于航海、大地测量、旅行及军事等方面。

请你来思考

小朋友们，现实生活中还有哪些铁磁性的运用？

科学日记

_____年_____月_____日　星期_____天气_____

冷热水不混合

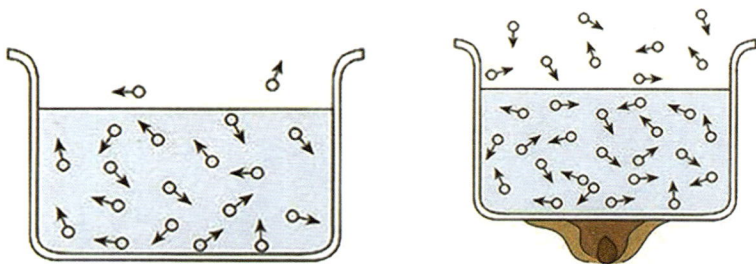

小朋友们，你们肯定知道水是可以混合的，但也有例外，冷水和热水就不能混合。为什么呢？今天我们将利用生活中简单的材料来探究冷热水不混合的奥秘！赶紧让我们一起去探索吧！

🔋 教学大纲对接

物质科学领域：温度能够影响水分子的运动。

🖥 你需要准备

玻璃杯 2 个、色素 1 瓶、塑料片 1 片

🔭 注意事项

小朋友们，使用热水时注意不要被烫到手哦。

动手做一做

1. 先将 2 个玻璃杯装满冷水，在其中 1 个玻璃杯中滴入少许色素并搅拌均匀。

2. 用塑料片盖住有色素的玻璃杯，然后把玻璃杯倒过来。

3. 把盖住的玻璃杯倒扣在另 1 个玻璃杯上，杯口完全重合。

4. 缓缓地抽去中间的薄片，发现两杯中的水慢慢混合在了一起。

5. 将左边玻璃杯装满冷水，在右边玻璃杯里滴少许色素并加满热水。

6. 用薄片盖上装有热水的玻璃杯，并倒扣在冷水玻璃杯上，杯口重合。

扫描二维码可以观看
实验视频哦!

7.缓缓地抽去中间的薄片,
发现2个玻璃杯中的水没
有混合在一起。

发生了什么 （答案可以在实验视频中找到哦）

实验的原理

　　由于两杯冷水水温度一样,分子间的运动相同,则两杯冷水慢慢混在了一起。而热水温度高,分子间运动更加剧烈,密度就小了,所以热水会浮在冷水上面。于是热水在上面的时候,两杯水就没有混合在一起。

知识小链接

　　小朋友们,在春天花开的季节,我们会发现,自己并没有进入花园,但是却会闻到花香。这是为什么呢?这就是气体的分子运动。

春天很多花都盛开了，这时空气中含有香味的分子不断运动，向四周扩散，使人在远处就能闻到香味。

请你来思考

小朋友们，你知道生活中还有哪些分子运动的现象吗？

科学日记

_____年____月____日 星期____天气_____

牛奶烟火

小朋友们，你们见到过美丽的烟火吗？在除夕的晚上，朵朵绚丽的烟火绽放在夜空，十分壮观惊艳。那么你们知道烟火也能在牛奶中绽放吗，我猜你们一定没见过对不对？接下来，我们就一起制作一个牛奶烟火来欣赏一下吧！

教学大纲对接

物质科学领域：通过实验，让学生认识液体的表面张力，了解洗洁精的特点。

你需要准备

食用色素 3 种、洗洁精 1 瓶、棉签 1 个、塑料盘（或盘子）1 个、纯牛奶 1 杯

注意事项

小朋友们最好戴上一次性手套避免色素沾到手上难以清洗哦。

动手做一做

1. 把纯牛奶倒入盘中。

2. 将3种色素分别滴一滴在牛奶中央。

3. 用棉签蘸一滴洗洁精。

4. 将棉签轻轻放在牛奶中的色素上。

扫描二维码可以观看实验视频哦！

发生了什么（答案可以在实验视频中找到哦）

实验的原理

洗洁精中的清洁剂分子包括亲油基和亲水基，亲油基和亲水基分别与牛奶中的蛋白质和脂肪微粒结合，色素的分子因此被碰撞而散乱变化。另外，洗洁精使液体表面的张力变小，而促使色素往四周迅速扩散。

知识小链接

小朋友们，你们知道洗洁精为什么能去污吗？原来呀，洗洁精的主要成分是表面活性剂，它含有多种活性成分、乳化剂。这些成分可以对各种油腻污渍、有害物质进行溶解、乳化、分散悬浮，之后用清水漂洗就能把附着在物体表面的油污分离出去了。

请你来思考

小朋友们，你们知道厨房中有哪些东西可以代替洗洁精洗碗吗？不妨问问你们的父母吧。

科学日记

_____年_____月_____日　星期_____天气_____

瓶子里的潜水员

小朋友们，你们会潜水吗？潜水是一项以水下活动为主要内容的运动，不仅能够使人领略水中奇异世界的风光，更能提高并改善人体的心肺功能。那么潜水员是如何在水中自由沉浮的呢？今天我们将利用生活中的一些简单材料来模拟潜水的实验，赶紧让我们一起来探索其中的奥秘吧！

教学大纲对接

物质科学领域：学生了解物体的运动与作月在物体上的力有关。

你需要准备

塑料瓶 1 个、小药瓶 1 个

小朋友们，注意塑料瓶的水不能装得过满。

⚲ 动手做一做

1. 将塑料瓶中灌入约 9/10 瓶水。

2. 将小药瓶中灌入 2/3 瓶水。

3. 将小药瓶倒立投入塑料瓶中。

4. 将塑料瓶盖上瓶盖。

5. 反复挤压、放松塑料瓶，观察小药瓶的状态。

扫描二维码可以观看
实验视频哦！

实验的原理

实验开始时，之所以小药瓶能浮起来，是因为其所受浮力与小药瓶自身重力及其瓶内水的重力相等，且小药瓶体积不变，其受到的最大浮力也不变。当塑料瓶受到挤压时，小药瓶所受压强增大，使更多的水进入小药瓶，此时小药瓶和其中的水的总重量大于浮力，因此下沉。当松开手，小药瓶受到的压强变小，瓶内空气将部分水排出来，此时浮力大于小药瓶及其中的水的总重量，所以就上浮。

知识小链接

小朋友们，你们知道潜水艇沉浮的原理吗？潜水艇是能够在水下运行的舰艇，自第一次世界大战后，潜水艇在现代战争中占有重要位置。潜水艇由于不能依赖体积膨胀和收缩来改变浮力，只能通过调整自身重量来实现上浮、下潜。当需要下潜时，则往贮水箱中灌入海水增加自身重力，实现下潜。反之则排出海水实现目的。

请你来思考

小朋友们，你还知道浮力在生活中有哪些应用？

科学日记

_____ 年 _____ 月 _____ 日　星期 _____ 天气 _____

气球抓杯子

小朋友们，家里面吸盘式挂钩粘在墙面，挂上东西掉不下来靠的是什么力量呢？中医里的拔火罐，玻璃罐烧热之后能牢牢地扣在人的身体上，又是为什么呢？接下来通过一个简单的实验，看看光滑的气球是怎么靠这股力量把杯子抓住的吧！

教学大纲对接

物质科学领域：学生们认识到热胀冷缩现象对气体压强的影响。

你需要准备

塑料盆 1 个、气球 1 个、塑料杯 1 个、打气筒 1 个、冷水若干、热水若干

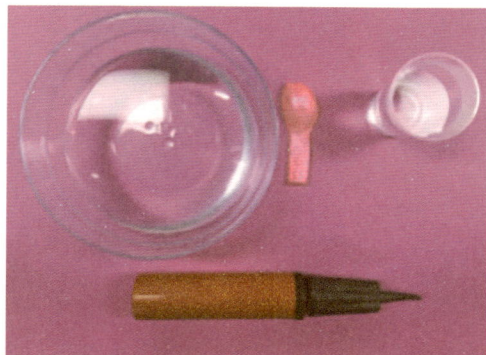

注意事项

小朋友们，实验过程中要小心热水，不要被烫到哦！

动手做一做

1. 倒入半盆冷水、半杯热水。

2. 把气球放到冷水盆中旋转一圈。

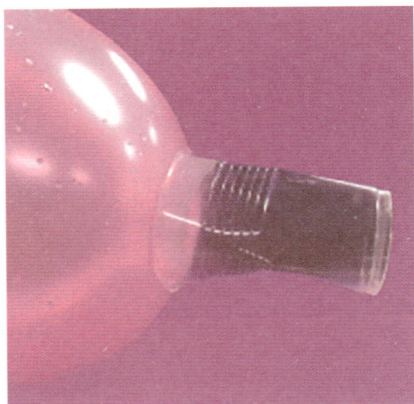

3. 把杯子中热水倒掉，紧扣在气球表面，松开手观察现象。

扫描二维码可以观看实验视频哦！

发生了什么 （答案可以在实验视频中找到哦）

实验的原理

向杯子里倒热水，杯子里面的气体膨胀，气球被冷水洗过之后温度较低，将杯子扣到气球一段时间后，杯内气体冷却，体积缩小，杯内的大气压低于外界气压，杯子就被气球抓住啦！

知识小链接

小朋友们，用高压锅炖的菜是不是很可口呢？高压锅的原理非常简单，水的沸点受到大气压强的影响，气压越高，沸点越高。高压锅把水紧密的封闭起来，这样水蒸气只能保留在锅中。锅内的气压高于1个大气压，水需要高于100℃才能沸腾，这样饭就能很快地做熟了，并且非常酥烂。

请你来思考

小朋友们，气体有大气压强，那液体有没有压强呢？你能举例来说明吗？

科学日记

_____年____月____日　星期____天气_____

色彩传递

小朋友们，我们都知道纸巾可以吸水，那你们知道纸巾也可以用来传递色彩吗？这是怎么回事呢？我们一起做个小实验来看看吧。

教学大纲对接

物质科学领域：引导学生了解毛细现象。

你需要准备

红 / 黄 / 蓝色素各 1 瓶、塑料杯 6 个、纸巾 6 张、木筷 1 根

注意事项

小朋友们注意色素不要沾到手上哦。

动手做一做

1. 把 6 个杯子摆成一个圈，其中 3 个互不相邻的杯子加入水并滴入不同颜色的色素。

2. 用木筷把色素搅拌均匀。

3. 把 6 张纸巾分别从中间对折。

4. 把折好的纸巾放入相邻的 2 个杯子里，静置几个小时或一夜。

扫描二维码可以观看实验视频哦！

实验的原理

本实验中，水沿着纸巾上升是毛细传动现象。最后空杯子里的水的颜色是相邻两个杯子里的颜色混合在一起产生的新的颜色，这是因为水分子是运动的。

知识小链接

毛细现象（又称毛细管作用），是指液体在细管状物体内侧，由于内聚力与附着力的差异、克服地心引力而上升的现象。

请你来思考

小朋友们，你还知道生活中有哪些毛细现象的例子呢？

科学日记

_____ 年 _____ 月 _____ 日　星期 _____ 天气 _____

烧不破的气球

小朋友们，把一个吹大的气球放到蜡烛的火焰上，会出现什么情况？大家都能猜到："砰的一声，气球就爆炸了。"那有什么办法，让气球在火焰上烧却不会被烧破呢？今天我们就来做一个实验尝试一下吧。

教学大纲对接

物质科学领域：了解常用材料的导热性。

你需要准备

水1杯、蜡烛1根、气球1个、火柴1盒

注意事项

小朋友们，实验过程请务必在大人的陪同下进行，并注意用火安全。

动手做一做

1. 用火柴将蜡烛点燃。

2. 将水倒入气球中。

3. 将气球放到火焰的上方，让火焰烧到气球，并观察实验现象。

扫描二维码可以观看实验视频哦！

发生了什么 （答案可以在实验视频中找到哦）

实验的原理

　　由于气球里面加入了水，橡胶得到的热量会传递给里面的水，橡胶的温度就不会升得很高，能够控制在其耐受范围之内，这样气球就不会被烧坏或者烧爆了。

知识小链接

　　表征物质吸热和散热能力的物理量叫作比热容，比热容越大，表示该物质升高单位温度需要吸收更多热能。例如水的比热容要比油多约一倍，所以油的升温要比水快。我们在沙滩散步，沙子比较热，而海水却很凉快，也是因为水的比热容较高的缘故。

请你来思考

如果用纸杯盛上水放到蜡烛上面烧，纸杯会被点着吗？

科学日记

_____年____月____日　星期____天气_____

烧掉的氧气

小朋友们，你们知道自己每天呼吸的是空气中的哪种气体吗？原来呀，是氧气。小动物呼吸需要氧气，物质燃烧也需要氧气。接下来我们就做一个燃烧的小实验来看看空气里氧气有多少吧。

教学大纲对接

物质科学领域：让学生了解空气是一种常见而重要的混合物质，空气中的氧气对我们具有重要意义。

你需要准备

色素 1 瓶、玻璃杯 1 个、蜡烛 1 支、塑料盘（或盘子）1 个

注意事项

小朋友们注意色素不要沾到手上，点燃蜡烛的时候要请家长帮助你哦。

动手做一做

1. 在塑料盘里加入水，并且滴入几滴色素。

2. 把蜡烛小心放在塑料盘中央，然后点燃。

3. 将玻璃杯倒扣在蜡烛上。

4. 观察实验现象。

扫描二维码可以观看实验视频哦！

发生了什么 （答案可以在实验视频中找到哦）

实验的原理

扣上玻璃杯后，蜡烛依然燃烧，直到把杯内氧气耗尽而熄灭。随后水会进入杯子里，占据原来氧气的位置。（本实验忽略燃烧产生的二氧化碳和气体的热胀冷缩）

知识小链接

拉瓦锡

氧的发现不是一个人所做的。恩格斯在《资本论》第二卷序言中提到："普利斯特里和舍勒已经找出了氧气，但不知道他们找到的是什么。他们不免为现有燃素范畴所束缚。这种本来可以推翻全部燃素观点并使化学发生革命的元素，没有在他们手中结下果实。不过普利斯特里不久就把他的发现告诉了巴黎的拉瓦锡；拉瓦锡依据这个新的事实研究了整个燃素化学，方才发现这种新的气体是一种新的化学元素。燃烧的时候，并不是什么神秘的燃素从燃烧体分离，而是这种新的元素和这种物体化合。因此，在燃素形式上倒立着的整个化学才正立起来。照拉瓦锡后来主张，他和其他两位学者是同时并且相互独立地发现氧气。虽然事实不是如此，但同其他两位比较起来，他仍不失为氧气的真正发现者，因为其他两位不过找出了氧气，但一点儿也不知道他们自己找出了什么。"正是拉瓦锡的实验和结论，使当时的化学研究者们正确地认识了空气的组成成分和氧气对物质燃烧所起的作用，才击破了燃素说，发现了氧。

请你来思考

小朋友们，你们知道氧气在生活中还有哪些妙用吗？

科学日记

_____年_____月_____日 星期_____天气_____

水的张力

小朋友们，生活中水无处不在，随处可见，我们对它再熟悉不过了。水可以饮用，可以洗衣服、做饭等等，那么，你们知不知道水有一种特殊的性质呢？这种性质就是水的表面张力，表面张力会有什么特点呢，接下来我们就一起做个小实验看看吧。

教学大纲对接

物质科学领域：水是一种常见的物质，通过本次简单的实验，学生将会认识水的张力。

你需要准备

食用色素 1 瓶、硬币 1 枚、水 1 杯、滴管 1 个、塑料盘 1 个

注意事项

1.小朋友们注意不要把色素沾到皮肤上。

2.实验中塑料盘的作用是避免水弄湿桌面，小朋友们可以直接垫一张纸巾来操作哦。

动手做一做

1. 向水中滴几滴色素，并用滴管搅拌让色素散开。

2. 用滴管将水滴在硬币上。

3. 继续滴加，水会在硬币上鼓起来。

4. 直到硬币上的水流下来，记录硬币能容下多少滴水。

扫描二维码可以观看实验视频哦！

发生了什么 （答案可以在实验视频中找到哦）

实验的原理

促使液体表面收缩的力叫作表面张力。表面张力是分子力的一种表现。它发生在液体和气体接触时的边界部分。在水和空气之间，缺少可以"合作"的水分子，水表面的水分子只受到了向下的吸引力，所以就出现了一层"水皮"，我们看到的水面呈拱形。

知识小链接

小朋友们，你们看到过莲花吗？它之所以能够出淤泥而不染，是因为莲叶具有疏水、不吸水的表面，落在叶面上的雨水会因表面张力的作用形成水珠，只要叶面稍微倾斜，水珠就会滚离叶面。因此，即使经过一场倾盆大雨，莲叶的表面总是能保持干燥；此外，滚动的水珠会顺便把一些灰尘的颗粒一起带走，达到自我洁净的效果。小朋友们，想象一下，如果未来你有一件永远都不会脏的衣服，是不是很棒。

请你来思考

如果把水换成油或洗洁精等其他液体会有什么结果呢？

科学日记

_____年____月____日　星期____天气_____

水和大气压力

小朋友们，你们有没有想过带吸盘的挂衣钩为什么能贴在浴室里不会掉呢？为什么茶壶的盖上都有一个小孔呢？我们用吸管喝饮料为什么饮料会被吸上来呢？想知道其中的奥秘吗？接下来我们一起做个小实验看看吧。

教学大纲对接

物质科学领域：水和空气都是常见而重要的物质，通过实验了解水的重力和大气压力，知道空气占有空间，引导学生思考实际生活中的应用。

你需要准备

圆纸片1张、塑料杯1个、纸巾1张、塑料盆1个

注意事项

小朋友们可以在洗手盆处进行实验哦，这样可以避免实验中水洒出弄湿地面。

动手做一做

1. 将塑料杯装满水，再把圆纸片光滑的一面放在杯口上不留空隙。

2. 一只手拿住杯子，另一只手按住圆纸片，快速地将杯子倒过来。

3. 轻轻把手从纸片上拿开，观察现象。

4. 将纸巾折好放在塑料杯底部倒置不掉。

5. 把倒立的塑料杯与水平面平行，然后用力向下压，直到杯口接触盆底。

6. 把杯子垂直提出水面，观察现象。

扫描二维码可以观看实验视频哦！

发生了什么 （答案可以在实验视频中找到哦）

实验的原理

　　实验一中由于水的重力作用，杯子底和水面会产生一部分真空，圆片下方受到大气压力大于杯中水的重力。实验二塑料杯内的空气阻止了水流进杯内，所以杯里的纸巾没有湿。

知识小链接

　　地球的周围被厚厚的空气包围着，这些空气被称为大气层。空气可以像水那样自由的流动，同时它也受重力作用。因此空气的内部向各个方向都有压强，这个压强被称为大气压。在 1643 年意大利科学家托里拆利在一根 80 厘米长的细玻璃管中注满水银倒置在盛有水银的水槽中，发现玻璃管中的水银大约下降了 4 厘米后就不再下降了。这 4 厘米的空间无空气进入，是真空。托里拆利据

托里拆利

此推断大气的压强就等于水银柱的长度。后来科学家们根据压强公式准确地算出了大气压在标准状态下为 $1.01325 \times 10^5 Pa$。

请你来思考

小朋友们都登过高山吗？你有没有觉得在山顶呼吸会有点不畅通呢，想一想这是为什么？

科学日记

_____年____月____日　星期____天气_____

易拉罐爱上气球

气球和易拉罐在生活中都很常见，那么它们两个如果组合在一起，能做出怎样的实验呢？让我们一起来动手试一试吧！

教学大纲对接

物质科学领域：学生们了解到电可以在特定物质中流动。

你需要准备

易拉罐 1 个、气球 1 个

注意事项

小朋友们，抓取气球要小心哦，以免气球爆炸。

动手做一做

1. 将气球靠近易拉罐，易拉罐没有任何反应。

2. 将气球在衣服上来回摩擦几次。

3. 重新将气球靠近易拉罐，观察易拉罐的反应。

扫描二维码可以观看实验视频哦！

发生了什么（答案可以在实验视频中找到哦）

实验的原理

　　气球在衣服上摩擦之后会带上静电，当气球靠近易拉罐的时候，易拉罐被气球上的静电吸引，不断滚向气球。

知识小链接

静电既然存在于所有的物质之中，为什么我们通常感觉不到物体带电呢？原来，物质同时具有正、负两种电荷。由于正负电荷数量相等，相互抵消，所以物体不显示带电。当物体受到外界影响（例如摩擦）时，物体表面的电荷发生了转移，正负电荷数量不一样了，物体就显示带电了。

请你来思考

小朋友们，生活中还有哪些静电的体现呢？

科学日记

_____年_____月_____日 星期_____天气_____

有趣的虹吸现象

小朋友们，你知道如何给鱼缸换水吗？通常家里都有电动换水工具，但是当停电的时候该如何换水呢？如果你家的鱼缸是玻璃材质并且底部无开口，那么在停电的时候就可以使用虹吸法来换水和排污。利用生活中的简单材料就能自制一个简易的换水工具，你是不是已经迫不及待了？赶紧让我们一起来探索吧！

教学大纲对接

物质科学领域：学生了解力作用于物体，可以改变物体的形状和运动状态。

你需要准备

剪刀 1 把、白乳胶 1 瓶、吸管 3 根、食用色素 3 瓶、塑料杯 10 个、水 1 杯

小朋友们，请安全使用剪刀，以免伤手。

动手做一做

1. 在塑料杯上用剪刀斜着剪两下，剪出 1 个近似的小圆孔（直径和吸管相同）。

2. 将吸管短的一头插进塑料杯的小圆孔里。

3. 剪去 1 节吸管，让吸管的长度比塑料杯底部略长。

4. 用白乳胶把塑料杯接口处封死，等待胶干，一共要做出 3 个带有吸管的塑料杯。

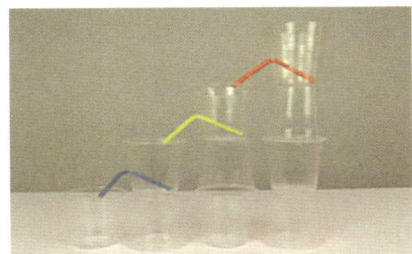

5. 把其他塑料杯叠加，让带有吸管的塑料杯处在不同高度。

6. 将 3 瓶色素分别滴入 3 个带有吸管的塑料杯中，并加入不超过吸管高度的水。

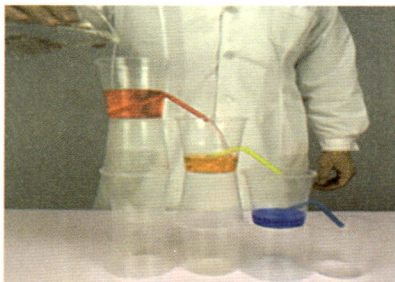

7. 向最高处的塑料杯中加水，使水量超过吸管的高度。

扫描二维码可以观看
实验视频哦！

发生了什么 （答案可以在实验视频中找到哦）

实验的原理

　　虹吸现象是利用液面高度差的作用力现象，将虹吸管开口更高的一端置于装满液体的容器中，容器内的液体会持续通过虹吸管从开口更低的位置流出，直到液体水面低于虹吸管为止。实验原理是液态分子间引力与位能差，即利用水柱压力差，使水上升后再流到低处。由于管口水面承受不同的大气压力，水会由压力大的一边流向压力小的一边，直到两边的大气压力相等，水就会停止流动。

知识小链接

小朋友们，你们知道在生活中毛细现象和虹吸现象的联系和区别吗？联系是两者都和液体压强有关。区别在于：毛细现象是水不但能沿着有孔隙的材料上升，还能沿着有孔隙的材料向四周扩散，浸润液体在细管里升高的现象和不浸润液体在细管里降低的现象；而虹吸现象是液态分子间引力与位能差所造成的，即利用水柱压力差，使水上升后再流到低处．由于管口水面承受不同的大气压力，水会由压力大的一边流向压力小的一边，直到两边的大气压力相等，水就会停止流动。

请你来思考

小朋友们，你还知道虹吸原理在生活中有哪些应用？

科学日记

_____年____月____日 星期____天气_____

3

生活小窍门

　　生活中我们难免会碰到各种琐碎、棘手的问题。比如，家里面的盐结块了，怎样才能防止这种情况的发生？在厨房里不小心把胡椒粉和盐混合到一起，如何才能将它们分离呢？在不打破鸡蛋的情况下，如何分辨生熟鸡蛋呢……其实这些问题解决起来并不难，只是大家缺乏相应的科学知识。只要我们掌握了这些科学原理，略施小计，就可以让生活中许多小难题都能迎刃而解，让我们一起去了解生活中的一些小窍门吧！

猫咪饮水机

小朋友们，都说水往低处流，为什么饮水机里的水却不是一直向下流呢？猫咪盘子里的水喝光了家里又没人怎么办呢？今天我们就来做一个简单的猫咪饮水机吧！

教学大纲对接

物质科学领域：学生们认识到平衡力的概念，以及对物体的作用现象。

你需要准备

盘子1个、纸巾4或5张、小木块2个、双面胶1卷、水1瓶

🔭 注意事项

1. 小木块的高度要低于盘子，并且可以用表面平整的橡皮来替代哦！

2. 小朋友们，水瓶倒置的时候，可以先将瓶口放到盘底，再微微抬起。

🐞 动手做一做

1. 将 2 块小木块粘在盘子中间。

2. 打开瓶盖，把水瓶倒置放在木块上。

3. 观察瓶中的水位。

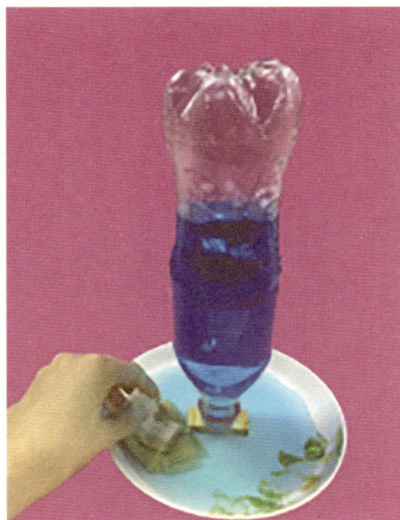

4. 用纸巾吸盘子里的水，观察瓶中水位变化。

扫描二维码可以观看实验视频哦！

发生了什么 （答案可以在实验视频中找到哦）

实验的原理

　　水瓶倒置后，空气中的压强作用于盘中的水面，形成一个向上反弹的力量，这股力量不断充抵着水向下的压力，当两种力达到平衡时，瓶中的水就被堵住了。用纸巾吸水模拟猫咪喝水，水少了之后，瓶里的水会继续流出直到再次平衡。

知识小链接

　　两个大小相等，方向相反的力叫作平衡力。任何物体在不受外

力或受到平衡力作用时，总是保持静止状态或匀速直线运动状态，直到有外力迫使它改变，该定律称为牛顿第一定律，也叫作惯性定律。杂技演员可谓是将力的平衡发挥到了极致，调整身体受到的各个力的大小和方向使合力为零，可以将身体稳定在空中。

请你来思考

　　小朋友们，力的平衡在生活中还有其他体现吗？

科学日记

_____年____月____日　星期____天气_____

如何分辨生熟鸡蛋

小朋友们，如果把一个生鸡蛋和一个熟鸡蛋同时放在你面前，在不打碎蛋壳的前提下，你知道如何区分它们吗？今天就让我们通过一个实验来看一下如何解决这个问题。

教学大纲对接

物质科学领域：学生初步认识惯性。

你需要准备

生鸡蛋1个、熟鸡蛋1个、彩笔1支

注意事项

小朋友们，请在大人的帮助下将鸡蛋煮熟。

动手做一做

1. 为了更好地区分，我们在其中一个鸡蛋上用彩笔画上记号。

2. 用手分别旋转两个鸡蛋，观察哪个先停下来。

扫描二维码可以观看实验视频哦！

发生了什么 （答案可以在实验视频中找到哦）

实验的原理

当我们用手指轻轻触碰旋转中的鸡蛋并使之停止时，因为熟鸡蛋内外都是固体，所以蛋的内部会随着外壳的停止而停止；而生鸡蛋，虽然外壳会立刻停止旋转，但内部的液体会因为惯性继续旋转，所以即使离开手指，它仍会维持旋转状态，从而牵引着外壳恢复旋转。

实验的原理

小朋友们，惯性是指物体保持静止状态或匀速直线运动状态的性质。每当我们坐车时，爸爸一踩刹车，车子停下来了，但是我们的身体仍会向前倒，这就是惯性原理。

请你来思考

小朋友们，生活中还有哪些现象是应用了惯性原理呢？

科学日记

_____年____月____日　星期____天气_____

水能的转换

小朋友们，你们见过水坝吗？在山区，我们看到有很多水坝，将江河变成了湖泊，储存了大量的水。那么这些水坝是用来做什么的呢？为了解开这个谜团，我们今天将用生活中一些简单材料进行模拟实验。赶紧让我们一起来探索吧！

教学大纲对接

物质科学领域：学生了解一种表现形式的能量可以转换为另一种表现形式。

你需要准备

吸管 1 根、纸杯 1 个、牙签 1 根、大头钉 1 个、透明胶带 1 卷、剪刀 1 把、塑料瓶 1 个

注意事项

小朋友们，实验中使用剪刀和大头钉时要注意安全哦。

动手做一做

1. 将纸杯剪去一半，并用大头钉在杯底中心扎 1 个孔。

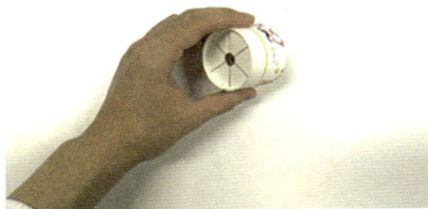

2. 将牙签插进杯子中心的孔里，做成 1 个轴。

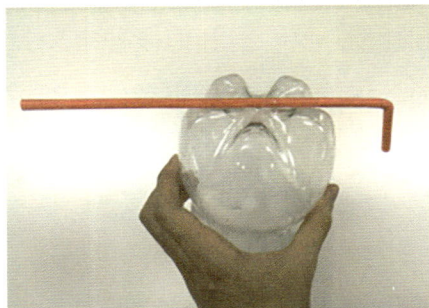

3. 用透明胶带把吸管粘到塑料瓶底部。

4. 将牙签插到折过来的吸管上。

5. 用大头针在塑料瓶的侧面扎 1 个孔，让水从那里喷出来能射到纸杯上。

6. 往塑料瓶里灌满水，不要盖上瓶盖。

扫描二维码可以观看实验视频哦！

发生了什么 （答案可以在实验视频中找到哦）

实验的原理

　　水的落差在重力作用下形成动能，塑料瓶就像一个蓄满水的水坝，这些水具有很大的能量，利用水的压力，使水从小孔喷出来射到纸杯上，纸杯旋转，从而将水能转化成机械能。

知识小链接

　　小朋友们，你知道三峡水电站吗？它是世界上规模最大的水电站，也是中国有史以来建设的最大型工程项目。它就是利用水的落差形成动能，从而带动发电机，最终变成电能。目前，三峡水电站发电已经突破 1 万亿千瓦时，够北京使用 10.5 年。水电是一种可再生的清洁能源，具有巨大的节能减排效

应，尤其是在雾霾频发、大气污染防治形势严峻的当下，三峡发电突破 1 万亿千瓦时意义更显重大。

请你来思考

小朋友们，你还知道水能在生活中有哪些应用？

科学日记

_____年____月____日　星期____天气_____

洗洁精的秘密

　　粘上油污的餐具，只用清水是无法完全去除上面的油污的。如果在上面加一些洗洁精，油污就会被轻松地去掉，这是为什么呢？今天就让我们做一个实验来探索一下吧！

教学大纲对接

　　物质科学领域：了解有些物质之间不能互溶，有些物质之间可以互溶。

你需要准备

　　食用油 100 毫升、玻璃杯 1 个、玻璃棒 1 个、洗洁精 20 毫升、颜料 10 毫升

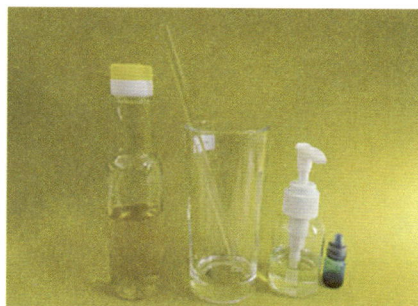

注意事项

　　小朋友们倒食用油和颜料的时候要小心，不要弄脏衣服哦！

动手做一做

1.向玻璃杯中倒入自来水，并滴入颜料搅拌一下。

2.向玻璃杯中倒入食用油，可以明显看到水和油分层了。

3.搅拌杯中的混合液体，静止片刻，依然能看到水和油的分层。

4.向杯中滴入一些洗洁精。

5.重新搅拌混合后的液体。

扫描二维码可以观看实验视频哦！

发生了什么（答案可以在实验视频中找到哦）

实验的原理

　　洗洁精是一种表面活性剂，表面活性剂是一种有机化合物，水和油本身是互不相溶的，但是加入洗洁精后，就能够使水和油溶和到一起啦！

知识小链接

　　两种不相溶的液体，比如水和油，在表面活性剂的作用下，溶解到一起的过程我们称之为乳化。妈妈们用的化妆品，是乳状液中最广泛的剂型，从水样的流体到黏稠的膏霜，乳状液的研究对于化妆品的生产、研究和保存都具有重要的意义。

请你来思考

小朋友们，家里面除了洗洁精能去污，还有什么可以去污呢？

科学日记

_____年____月____日 星期____天气_____

怎样分离胡椒粉和盐

小朋友们，我们的妈妈在厨房做饭时可能会不小心将胡椒粉和食盐混在一起，将它们丢弃很浪费，那你有什么好办法帮助妈妈分离胡椒粉和盐吗？你可能一时没有想到，不过不要灰心，接下来我们通过一个小实验马上就能解决这个问题，赶紧行动吧！

教学大纲对接

物质科学领域：利用物体的某些特征能把混合在一起的物体分离。

你需要准备

食盐 1 袋、胡椒粉 1 袋、塑料勺 2 个、毛织物 1 块、白纸 1 张

注意事项

1. 小朋友们，用毛织物摩擦塑料勺时要用力，否则不能产生足够的静电。

2. 胡椒粉有刺鼻味道，实验结束后要及时把手洗干净。

动手做一做

1. 将食盐和胡椒粉倒在白纸上，用塑料勺搅拌使其混合。

2. 用毛织物摩擦塑料勺。

3. 将塑料勺靠近混合的胡椒粉和食盐。

扫描二维码可以观看实验视频哦！

发生了什么 （答案可以在实验视频中找到哦）

实验的原理

塑料勺被毛织物摩擦之后会产生静电，带电的物体能够吸引轻小的物体。胡椒粉颗粒相对于食盐颗粒更轻，所以胡椒粉颗粒会先"跳"起来，被吸到塑料勺上。

知识小链接

小朋友们，静电是我们日常生活中普遍存在的现象之一。随着科学技术的发展，静电这一物理现象给我们的生活带来了极大的影响：农业方面，静电喷药的使用大大降低了对环境的污染；工业方面，静电除尘常用于以煤为燃料的工厂、电站，有效地收集烟气中的煤灰、粉尘；生活方面，静电复印机具有简便、迅速、清晰等优点，给人们的生活带来极大的便利。

请你来思考

小朋友们，你还知道生活中哪些现象或物品应用了静电原理吗？

科学日记

_____年____月____日　星期____天气_____

4

小小工程师

　　我们看到天上飞的飞机，地上跑的汽车，甚至我们住的房子、经过的大桥，都是工程师设计的，工程师可以把脑海里神奇的构想变成现实。每个小朋友都是独特的，有自己独有的想法，接下来，让我们一起去探究磁力小车怎么做、光盘气垫船是什么样的、南瓜拱桥如何承重、水轮是如何工作的……让我们打开思想的闸门，当一个小小工程师吧。

磁力小车

小朋友们，赛车模型竟然能够飞在空中，这是为什么呢？如果把底座拿走，赛车还会悬浮吗？又是什么力量能够让磁悬浮列车不用接触地面就能够行驶呢？接下来让我们探索一下这背后隐藏的力量，做一辆靠磁铁来行驶的小车吧。

教学大纲对接

物质科学领域：学生了解磁力这种能量，两个磁铁之间会发生相互作用。

你需要准备

长条磁铁 1 块、订书钉盒（或类似大小的纸盒）1 个、橡皮泥 1 块、牙签 2 根、胶带 1 卷、卡纸 1 张、硬币 1 个、剪刀 1 把、吸管 1 个

注意事项

1. 磁铁在小纸盒里一定要粘牢固，不然小车会摇晃哦。

2. 如果纸板不够硬，可以考虑剪几层纸板粘在一起就可以了。

动手做一做

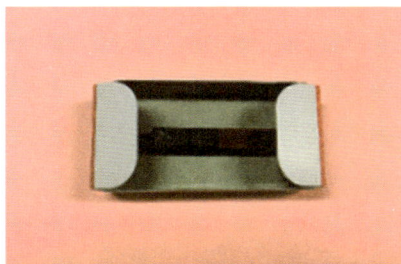

1. 磁铁用胶带固定在纸盒内。

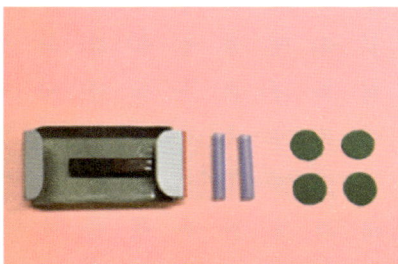

2. 剪 2 段与纸盒等宽的吸管和 4 个硬币大小的圆。

3. 把吸管粘在纸盒上，将牙签穿进去。

4. 将车轮中心插在牙签上，并用橡皮泥封住牙签头。

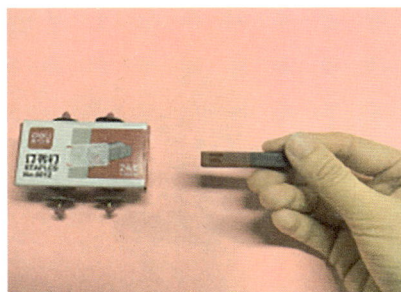

5. 握住另一块磁铁慢慢接近小车。

扫描二维码可以观看实验视频哦！

发生了什么 （答案可以在实验视频中找到哦）

实验的原理

　　磁铁分为两极，两个磁极之间具有同性相斥、异性相吸的特性，当我们手握磁铁靠近小车时，小车内的磁铁和外部的磁铁产生或吸引或排斥的力，从而驱动了小车的前进和后退。

知识小链接

　　小朋友们，和父母外出旅行时有没有携带过指南针？指南针的主要组成部分是一根装在轴上的磁针，磁针在天然地磁场的作用下能够自由地转动，磁针的 N 极对应了地理的北极。伟大的航海家们在茫茫大海上能够分辨出方向，这可要多亏了指南针呢。指南针还是闻名中外的中国古代四大发明之一哦。

请你来思考

小朋友们，你们还知道磁铁在生活中的其他应用吗？

科学日记

_____年____月____日 星期____天气_____

导体检测仪

小朋友们，你们知不知道为什么月导线把电池和小灯泡连接起来小灯泡就亮了呢？原来呀，导线里面的铜丝是导体，容易导电。生活中有很多物体，有些容易导电，有些不易导电，那么应该怎么辨别它们呢？别着急，接下来我们一起看看吧。

教学大纲对接

物质科学领域：电是日常生活中不可缺少的一种能源，知道有些材料是导体，容易导电，有些材料是绝缘体，不易导电。

你需要准备

1 号电池 1 节、橡皮筋 2 根、小灯泡 1 个、导线 3 根、漆包线（两端光亮）1 根、双面胶 1 条、铁钉 1 个、砂纸 1 张

小朋友们，实验过程中电池的上下两端可能会发烫，小心操作不要烫到手哦。

动手做一做

1. 将 2 根红导线分别连在小灯泡灯座两端。

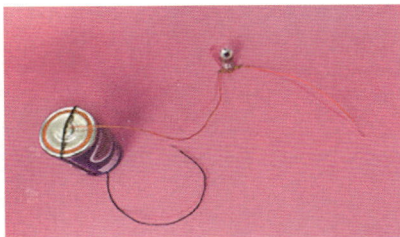

2. 把 2 根橡皮筋绑在电池上下两极正中间，将连接灯泡的其中 1 根红导线和剩下的黑导线分别与电池的正负极相连。

3. 将黑导线与小灯泡的红导线连接，小灯泡发光，电路正常。

4. 把两端光亮的漆包线与电路的红、黑导线相连，观察小灯泡。

5. 把双面胶与红、黑导线连接，观察小灯泡的亮灭。

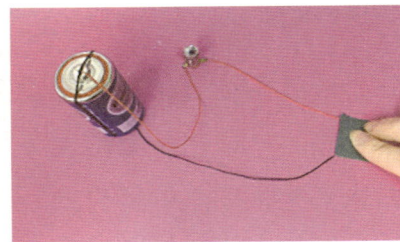

6. 再把砂纸接入电路，观察现象。

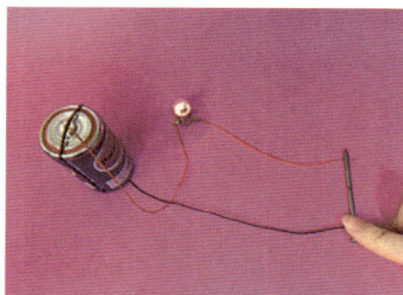

7. 把铁钉接入电路，观察小灯泡。

扫描二维码可以观
看实验视频哦！

发生了什么 （答案可以在实验视频中找到哦）

实验的原理

　　导体检测仪的工作原理是：当测试物体是导体时，能形成闭合回
路，使灯泡发光；当测试物体是绝缘体时，不能形成闭合回路，小灯
泡不发光。所以本实验中，经过测试我们知道双面胶和砂纸是绝缘体，
打磨光亮的漆包线和铁钉是导体。

知识小链接

　　除了导体和绝缘体之外生活中常见的
还有半导体。半导体是指常温下导电性能
介于导体与绝缘体之间的材料。半导体在
收音机、电视机以及测温上有着广泛的应
用，如二极管就是采用半导体制作的器件。

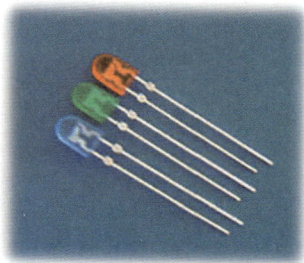

请你来思考

小朋友们，实验中的小灯泡你还可以换成什么呢？

科学日记

_____年____月____日 星期____天气_____

电磁铁

小朋友们，你们每天在校园里都是听着铃声上下课的，那么电铃没人用手敲为什么能发出声音呢？或许有的小朋友知道是因为电磁铁，那电磁铁和普通的磁铁一样可以吸引磁性物质吗，电磁铁有什么特点呢？下面让我们通过实验来了解电磁铁吧。

教学大纲对接

物质科学领域：知道电和磁都是自然界中存在的能量形式，一种表现形式的能量可以转换为另一种表现形式。

你需要准备

1号电池1节、铁钉1个、漆包线1段、砂纸1张、回形针若干、橡皮筋1根

注意事项

　　小朋友们在实验过程中不要触碰漆包线哦，因为漆包线连接电池后会发热可能会烫到小朋友稚嫩的手，可以请家长帮忙一起做实验哦！

动手做一做

1. 用砂纸将漆包线两端打磨光亮。

2. 将漆包线留出首尾，紧密缠绕在铁钉上。

3. 把橡皮筋固定在电池上下两端的中央，并把漆包线两端插在橡皮筋和电池之间。

4. 拿起电池，用铁钉的一端触碰回形针。

扫描二维码可以观看实验视频哦！

发生了什么 （答案可以在实验视频中找到哦）

实验的原理

　　当你在电线上增加电能时，你就创造了一个电磁铁。电磁铁的工作原理简单概括就是电流的磁效应。电磁铁是可以通过电流来产生磁力的器件，属非永久磁铁，可以很容易地将其磁性启动或是消除。

知识小链接

　　小朋友们，你们知道电磁铁在生活中还有哪些应用吗？像磁悬浮列车、电磁起重机、发电机等，都用到了电磁铁哦。

请你来思考

　　实验中如果换成其他类型的电池，可以把回形针吸引起来吗？如果能吸引起来，那么吸引回形针的数量有没有变化呢，小朋友们快动手探究一下吧！

科学日记

_____年_____月_____日　星期_____天气_____

光盘气垫船

小朋友们，你知道吗？气垫船的速度比一般船只的速度快得多，因为气垫船的船底与海水之间存在一层气垫，使得航行的阻力大大减小，因此可以航行得很快。这次实验我们要用一些简单的材料制作一个气垫船，赶紧一起探索吧！

教学大纲对接

物质科学领域：学生初步认识空气阻力、摩擦力在移动的物体表面之间的作用。

你需要准备

光盘 1 个、气球 1 个、带孔瓶盖 1 个、强力胶 1 瓶

小朋友们，涂抹强力胶时要小心，粘到手上会非常难以清洗。

动手做一做

1.选取一个带孔瓶盖用强力胶粘在光盘中心，为了确保粘得牢固，粘好后用力按压瓶盖2分钟。

2.用打气筒给气球打气，或用嘴巴吹一个气球，然后在稍微远离气球口处把气球转2圈，捏住。

3.将气球套在瓶盖上。

4.将气球松开，观察实验现象。

扫描二维码可以观看实验视频哦！

发生了什么 （答案可以在实验视频中找到哦）

实验的原理

利用气垫，减小接触面之间的摩擦。我们松开气球后，它排放的气体形成压缩空气，在光盘底部形成气流层将"光盘气垫船"托起并推动其运动。

知识小链接

小朋友们，我们来看一下减少摩擦力的方法。比如改滑动摩擦为滚动摩擦，在接触面加润滑油等，另一种方式就是既不是滑动也不是滚动，而是只有空气的阻力——采用气垫的形式，使运动的物体受到的阻力很小。

请你来思考

小朋友们，如果你把气球吹得更大会发生什么？请你尝试一下。

科学日记

_____年____月____日　星期____天气_____

南瓜拱桥

小朋友们，你们知道为什么有的桥梁要设计成拱形吗？今天，我们用南瓜做一个拱桥，来解释一下其中的原理吧。

教学大纲对接

技术与工程领域：知道工程是运用科学和技术进行设计、解决实际问题和制造产品的活动。

你需要准备

南瓜 1 块、盘子 1 个、工具刀 1 把、小瓶可乐 1 瓶

🔭 注意事项

　　小朋友们，实验过程中，请在大人的陪同下使用工具刀，以免伤到手。

🛸 动手做一做

1. 用工具刀将南瓜切成块。

2. 将切开的南瓜重新拼起来。

3. 将可乐放到南瓜拱桥的上面，观察实验现象。

扫描二维码可以观看实验视频哦！

📚 发生了什么 （答案可以在实验视频中找到哦）

实验的原理

拱形的桥能够将向下的力，通过桥身转化为横向的力，最后作用到两边的桥基。当可乐放到南瓜拱桥上的时候，可乐向下的压力被桥身转化成了横向的力，盘子的边缘支撑着南瓜拱桥的底部，所以南瓜拱桥能够支撑可乐而不倒塌。

知识小链接

赵州桥是当今世界上现存最早和保存最完整的石拱桥，位于河北省赵县的洨河上，由隋代著名的匠师李春设计和建造。李春在设计大桥的时候，采取了单孔长跨的形式，河心不立桥墩，在大拱两端各设两个小拱，这是中国桥梁史上的空前创举。

请你来思考

小朋友们，你们还能说出我国有哪些著名的桥梁呢？

科学日记

_____年_____月_____日　星期_____天气_____

认识磁铁

小朋友们，如果你的朋友不小心把很多别针掉进了沙子里，你有什么好办法帮你的朋友把别针捡起来呢？别着急，接下来我们一起来认识一种神奇的物体，它或许能帮上你的忙哦。

教学大纲对接

物质科学领域：磁铁有磁性，可对某些物体产生作用，通过实验让学生了解磁铁总是同时存在着两个不同的磁极，知道相同的磁极相斥，不同的磁极相吸。

你需要准备

U 形磁铁 1 块、环形磁铁 2 块、条形磁铁 2 块、指南针 1 个、铁屑 1 盒、白纸 1 张

注意事项

磁铁的磁性很强，小朋友们注意不要被磁铁夹到手指哦。

动手做一做

1. 用条形磁铁和环性磁铁分别实验，同颜色靠近互相排斥，不同颜色靠近互相吸引。

2. 用 U 形磁铁 N 极一侧吸引铁屑，发现 N 极磁极处吸引很多铁屑，远离磁极处吸引较少的铁屑。

3. N 极和 S 极两端磁极能吸引很多铁屑。

4. N 极和 S 极相接处基本不吸引铁屑。

5. 将磁铁放在指南针旁边，S 极放在指南针的南极一侧，指南针的指针指向南极附近。

6. 将磁铁的 N 极放在指南针的南极一侧，指南针的指针指向北极附近。

扫描二维码可以观看实验视频哦!

发生了什么 （答案可以在实验视频中找到哦）

实验的原理

　　磁铁同性相斥，异性相吸。磁铁上磁性最强的地方是磁极，一个磁体上有两个磁极。指南针的红色指针其实是一个磁铁的 N 极，指向北方，另一端是磁铁的 S 极，指向南方。

知识小链接

　　磁铁是可以产生磁场的物体，俗称为吸铁石，分为天然和人造两大类。磁铁有两个极性，分为 N 极和 S 极。生活中我们存放磁铁的时候要注意将磁铁远离易被磁化的物品，如信用卡、手表、手机等，不然我们的物品容易遭到损坏呢，小朋友们你们记住了吗？

请你来思考

磁铁在生活中有很多应用，你能举几个例子吗？

科学日记

_____年_____月_____日　星期_____天气_____

原子模型

　　小朋友们，世界上的一切物质都是由许许多多微小的"积木"组成，它们被称为原子。我们用肉眼看不到原子，它的体积非常小，但原子确实是一种存在的微观粒子，今天我们将利用生活中一些简单的材料认识原子的结构，赶紧行动起来吧！

教学大纲对接

　　物质科学领域：学生了解原子的结构。

你需要准备

　　牙签 4 根、棉花糖 5 个

注意事项

小朋友们，使用牙签的过程中要小心，不要伤到自己的手哦。

动手做一做

1.用短牙签将白色和绿色的棉花糖连接在一起。

2.将牙签插在白色的棉花糖上。

3.将黄色的棉花糖插在牙签上。

扫描二维码可以观看实验视频哦！

发生了什么 （答案可以在实验视频中找到哦）

实验的原理

原子是由质子、中子和核外电子组成的，在我们的模型中，不同颜色的棉花糖代表着原子的不同部分。绿色的代表中子，白色的代表质子，黄色的代表核外电子，把质子和中子粘成一个球做成一个原子核。

知识小链接

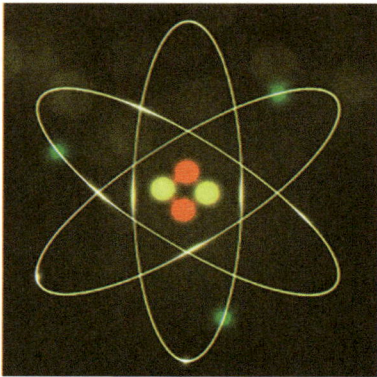

小朋友们，原子是构成一般物质的最小单位，称为元素。地球上的一切物质都是由元素组合而成的，我们虽然看不见也摸不着原子，但原子是客观存在的，一个成年男性身体里大约有70000000000000000000000000000（27个零）个原子，现在你可以想象原子有多小了吧。

请你来思考

小朋友们，通过本次实验的学习，你知道原子是由哪几种微粒构成的吗？

科学日记

_____ 年 ____ 月 ____ 日 星期 ____ 天气 _____

纸的承重

在我们的周围可以看到很多不同形状和结构的物体，那么小朋友们，你们有没有想过为什么国家体育场建成了鸟巢的形状，为什么很多桥梁要建成拱形？它们的形状和承重能力有什么关系吗？接下来，让我们用纸做个小实验来看看纸桥的形状和承重能力吧。

教学大纲对接

技术与工程领域：工程是以科学和技术为基础的系统性学科。学生可以通过实验了解结构如何应用科学原理进行技术应用并在日常生活中发挥作用。

你需要准备

杯子 3 个、白纸 2 张

🔭 注意事项

小朋友们，注意不要打碎杯子以免伤到手哦。

🛸 动手做一做

1. 在两个杯子之间搭上一张纸。

2. 把另外一个杯子轻轻放在纸上，发现杯子把纸压下去了。

3. 把另外一张白纸折成瓦楞形。

4. 再把这张纸搭在两个杯子上，把另外一个杯子放在纸上，发现纸能托住杯子。

扫描二维码可以观看实验视频哦！

实验的原理

一张平面的纸很薄，承受力就很小，承受不了一个杯子的重量。把纸折成瓦楞形做桥面，重量被分散到多个折痕上，瓦楞形就像许多三角形并列放在一起，三角形的稳定性能使纸桥更稳固，所以可以托住杯子。

知识小链接

三角形具有稳定性，有着稳固、坚定、耐压的特点 ，如埃及金字塔、钢轨、三角形框架、起重机、三角形吊臂、屋顶、三角形钢架、钢架桥都以三角形形状建造。

请你来思考

小朋友们，生活中还有哪些瓦楞形的物体呢？

科学日记

_____年_____月_____日 星期_____天气_____

自 制 喷 泉

　　小朋友们，你在广场、公园见过喷泉吗？喷泉有的是向高处喷，有的是向四周喷，有的是旋转喷，这些喷泉是利用水泵人工制造的。其实利用生活中的一些简单材料也可以制作一个美丽喷泉，你是不是已经迫不及待了？赶紧让我们一起去探索吧！

教学大纲对接

　　物质科学领域：学生认识空气和其他物体一样具有质量并占有一定空间。

你需要准备

　　吸管 2 根、纸巾 2 张、塑料瓶 1 个、剪刀 1 把

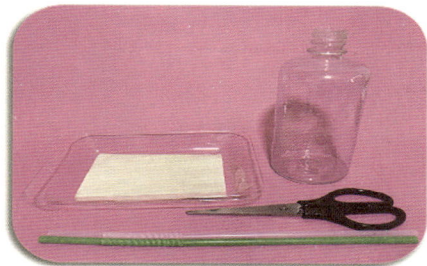

注意事项

1. 小朋友们，实验中一定用纸巾把瓶口塞紧，如果漏气，水不会从瓶子中喷出哦。

2. 小朋友们，实验中短吸管（粉色）要在水面的上面，长吸管（绿色）要在水面的下面。

动手做一做

1. 将塑料瓶子中装入约 3/4 的水。

2. 将粉色的吸管剪掉 1/2。

3. 用水将纸巾浸湿。

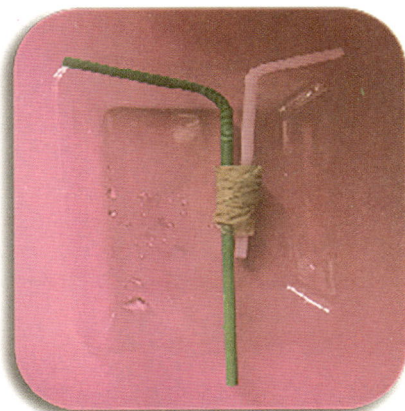

4. 用湿纸巾包裹吸管。

5. 将两根吸管按照图示位置插入瓶中。

扫描二维码可以观
看实验视频哦！

发生了什么 （答案可以在实验视频中找到哦）

实验的原理

我们对着粉色吸管吹气后，瓶内水面上的气压增高，水被挤入了绿色吸管，从而形成了喷泉。

知识小链接

小朋友们，你知道马德堡半球实验吗？ 1654 年 5 月 8 日，德国马德堡市市长奥托·格里克，把两个直径 30 多厘米的空心铜半球紧贴在一起，用抽气机抽出球内的空气，然后用两队马向相反的方向拉两个半球，最终用 16 匹马将它们拉开，当马用尽了全力把两个半球最后拉开的时候，发出了很大的响声。这就是著名的马德堡半球实验。实验证明：大气压强是存在的，并且十分强大。将两个半球内的空气抽掉，使球内的空气粒子的数量减少，球外的大气便把两个半球紧压在一起，因此就不容易分开了。

请你来思考

小朋友们，你还知道大气压在生活中有哪些应用？

科学日记

_____年____月____日　星期____天气_____

自制熔岩灯

小朋友们，你见过熔岩灯吗？熔岩灯里有大量的蜡穿过加热的水，看起来十分美丽。这次实验我们将用一些简单的材料来制造属于自己的无蜡熔岩灯，你准备好了吗，赶紧行动起来吧！

教学大纲对接

物质科学领域：学生比较物质的形态，把物质按固体、液体或气体进行分类。

你需要准备

玻璃杯 1 个、食用油 1 瓶、塑料杯 1 个、食用色素 1 瓶
搅拌棒 1 根、泡腾片 1 片

注意事项

　　小朋友们，实验中要注意不要将色素弄到手上，做完实验后请立即洗手。

动手做一做

1. 在塑料杯中加入水，并加入红色色素，用搅拌棒进行搅拌。

2. 往塑料杯中倒入 3/4 的油。

3. 将混合好的色素倒入玻璃杯中。

4. 将泡腾片放入玻璃杯中。

扫描二维码可以观看实验视频哦！

发生了什么 （答案可以在实验视频中找到哦）

实验的原理

　　植物油和水的密度不同，在玻璃杯中能沉淀分为两层，水在下层而油在上层，食用色素穿过植物油沉到下面与水相融。加入泡腾片，它们和水产生反应，产生二氧化碳气泡。气泡上升穿过食用油层，带起一团团彩色的水，形成了"熔岩灯"。

知识小链接

　　小朋友们，熔岩灯由英国工程师克雷文·渥克发明的，他由煮蛋的计时器获得灵感，以密封玻璃瓶装透明的液体及蜡，再在底座加热，创造出色彩缤纷的效果。在这个小实验中，我们用更容易找到的油代替了蜡质的匠体，因为泡腾片的密度比食用油大，放到玻璃杯中它会穿过食用油层下沉至水中，与水反应产生气体，气体以气泡的形式上浮，造成了液体的上下翻滚，制造出了熔岩灯的奇幻效果。生活中一些简单的材料往往能带来意想不到的效果，只要你用心观察，一定会有收获。

请你来思考

小朋友们，请你研究一下真正的熔岩灯是如何工作的呢？

科学日记

_____年_____月_____日　星期_____天气_____

自制水晶石

同学们，你们观察过食盐、白糖、碱面或者味精颗粒吗？它们是什么形状的晶体？你们想不想制作一些漂亮的晶体呢，接下来就让我们动手试一试吧。

教学大纲对接

物质科学领域：通过实验知道有些物质能够在水中溶解，了解溶液的结晶。

你需要准备

塑料盘 1 个、玻璃杯 1 个、食用色素 1 瓶、明矾 1 袋、木筷 1 根

注意事项

小朋友们，实验中注意不要被热水烫到手哦。

动手做一做

1. 在杯中倒入约 100 毫升热水，将 30g 明矾加入热水中，用木筷搅拌，使明矾溶解。

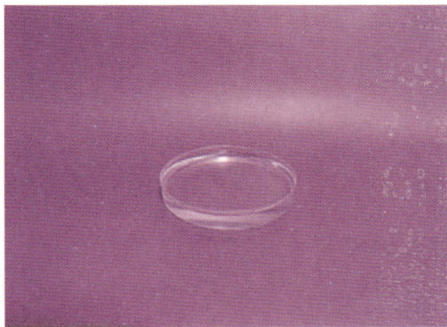

2. 把溶液倒在塑料盘中。

3. 往明矾溶液中滴加色素。

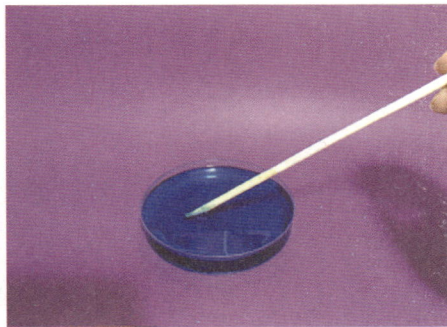

4. 用木筷搅拌使颜色散开。

5. 静置一段时间，水晶石就出现了。将塑料盘里多余液体缓缓倒出。

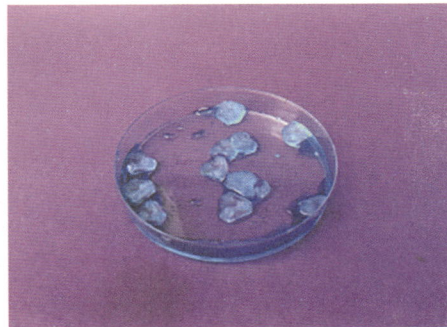

6. 漂亮的水晶石就制作完成了。

扫描二维码可以观看实验视频哦！

发生了什么 （答案可以在实验视频中找到哦）

实验的原理

把明矾粉倒入热水中，搅拌到明矾全部溶解。再将明矾溶液倒入敞开的塑料器皿盒中，放在常温下静置蒸发。待水分蒸发完毕，就能够析出较大明矾晶体。

知识小链接

结晶就是热的饱和溶液在冷却后，溶质以晶体的形式析出的过程。结晶的方法有两种，一种是蒸发结晶（可加热升温，也可以常温），另一种就是降温结晶。

请你来思考

如果将我们制作的晶体连接起来，能制作成一条漂亮的晶体手链吗？想一想怎样才能制取更大的晶体呢？

科学日记

_____年____月____日 星期____天气_____

自制水轮

"水轮鸣昼夜，牛力尽淮湖。"小朋友们，你们有没有想过水轮为什么能够转动呢？离开了水，它还能够继续转动吗？你们玩的风车又为什么能迎风转动呢？接下来，让我们自己动手来做一个小水轮吧！

教学大纲对接

物质科学领域：学生们认识到力的作用是可以相互转换的，重力势能可以转换成物体运动的动能。

你需要准备

软木塞1个、橡皮泥1块、漏斗1个、塑料片1块、刀子1把、剪刀1把、细竹签1根、螺丝刀1个、塑料瓶1个

注意事项

1. 小朋友们，要小心刀子和剪刀，切槽和裁剪工作可以找父母帮忙。

2. 水轮叶片要裁剪得大小适宜，过宽的话会卡到瓶壁，影响转动哦。

3. 用螺丝刀给瓶身钻孔时，可以先用小刀划一下，这样会容易一点哦。

4. 小朋友们可以接着水盆进行实验哦，这样可以避免弄湿地面。

动手做一做

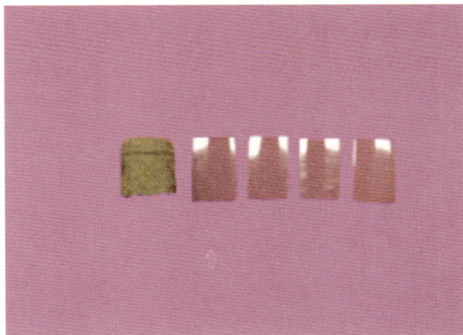

1. 剪 4 片长度略大于软木塞的塑料片，作为水轮的叶片。

2. 在软木塞侧面均匀切 4 个槽，中心钻 1 个孔，将叶片嵌在槽里。

3. 将塑料瓶的底部剪掉，切口要平齐。

4. 用螺丝刀在瓶子的侧面钻 2 个孔。

5. 将竹签从一侧的孔穿入，穿过水轮，从另一边的孔穿出，用橡皮泥封住竹签头。

6. 把水轮稳定在中间位置，用漏斗向瓶中倒水，观察水轮。

扫描二维码可以观看实验视频哦！

发生了什么（答案可以在实验视频中找到哦）

实验的原理

漏斗内的水具有重力势能，是蕴藏的能量，当水下落时，势能转换成动能，推动了水轮的旋转。

知识小链接

小朋友们知道三峡水电站吗？它是目前我国第一大水电站哦。

大坝高程 185 米，蓄水高程 175 米，总长 600 多公里，安装了 32 台 70 万千瓦的水轮发电机组，总容量 2250 万千瓦，截止到 2014 年 12 月 31 日，全年总发电量达 988 亿千瓦时，创造了世界纪录。

请你来思考

小朋友们，在这个实验中，如果想让水轮转得更快，有哪些办法呢？

科学日记

_____ 年____月____日 星期____天气_____

自制温度计

多云　　　多雪　　　有风

小朋友们，当我们在外面感觉很冷时就说明气温比较低，感觉很热时就说明气温比较高。天气的冷热程度用气温表示，那么物体的冷热程度用什么表示呢？今天我们通过一个实验来探究一下，你准备好了吗？

教学大纲对接

物质科学领域：学生知道一般物体具有热胀冷缩的性质。

你需要准备

玻璃瓶 1 个、瓶塞 1 个、塑料杯 1 个、吸管 1 根、食用色素 1 瓶

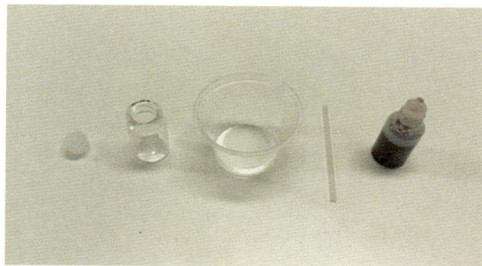

注意事项

1. 小朋友们，玻璃瓶易碎请小心使用。

2. 小朋友们，实验中热水温度不需要过高，有点热度即可。

动手做一做

1. 往玻璃瓶中加入 1/3 的水，并加入少许食用色素。

2. 把吸管插入瓶中，盖好瓶盖，吸管要没入水中。

3. 在塑料杯中加入 1/3 的温水。

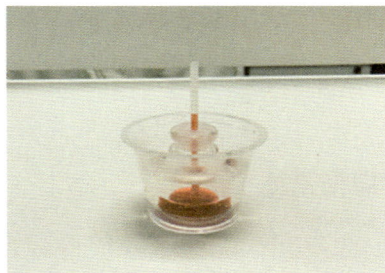

4. 把玻璃瓶放入温水杯内，观察其变化。

扫描二维码可以观看实验视频哦！

发生了什么（答案可以在实验视频中找到哦）

实验的原理

把瓶子放入温水中后，瓶子里的空气会受热膨胀，水面压力增大，水被压到高处，从而产生有色水在吸管内升高的现象。

知识小链接

热胀冷缩是物体的一种基本性质，物体在一般状态下，受热以后会膨胀，在受冷的状态下会缩小，几乎所有物体都具有这种特性。这是由于物体内的粒子运动会随温度改变，当温度上升时，粒子的振动幅度加大，令物体膨胀；当温度下降时，粒子的振动幅度便会减小，使物体收缩。

请你来思考

小朋友们，除把瓶子放进温水外，还有什么办法让红柱上升？

科学日记

_____年____月____日 星期____天气_____

5

游戏中的科学

　　科学无处不在，科学并不难懂，科学甚至存在于我们玩乐的游戏中。接下来，让我们一起在游戏中了解科学，一起看看乒乓球为什么不会下落、易拉罐斜着放为什么不会倒下、气球躺在钉板上为什么不会爆炸……让我们一起进入科学之门，对未知科学产生无限的遐想和探究兴趣，为后续学习科学打下基础。

不倒的易拉罐

小朋友们，你们听说过比萨斜塔吗？它是意大利非常有名的建筑哦，那你们知不知道它为什么是倾斜的却能屹立不倒呢？不知道也没关系哦，就让我们通过下面的小实验来揭开它的秘密吧！

教学大纲对接

物质科学领域：物体各部分所受重力的合力的作用点是重心，通过实验引导学生了解并找到重心。

你需要准备

易拉罐1个、玻璃杯（盛有水）1个

注意事项

小朋友们在实验过程中要小心操作，确保易拉罐不倒再松手哦。

动手做一做

1. 把空的易拉罐倾斜放置。

2. 松开手，易拉罐瞬间倒下了。

3. 把水倒入易拉罐中。

4. 再次倾斜放置易拉罐。

扫描二维码可以观看实验视频哦！

发生了什么 （答案可以在实验视频中找到哦）

实验的原理

物体保持平衡的关键在于重心。空易拉罐重心较高，很难保持平衡；加入水后，水能调节易拉罐的重心位置，重心降低了，并且重心和着力点在一条竖直线上，易拉罐就不会倒了。

知识小链接

比萨斜塔之所以会倾斜，是由于它地基下面土层的特殊性造成的。比萨斜塔下有好几层不同材质的土层，各种软质粉土的沉淀物和非常软的黏土相间形成，而在深约一米的地方则是地下水层。塔的地基部分受力不均匀造成比萨斜塔的重心不稳，向一侧倾斜。人们在后期对比萨斜塔进行拯救，将另一侧的土挖出来一部分，调整了塔的重心使其和着力点在一条线上，塔就不会倒了。

请你来思考

小朋友们，你们知道不倒翁为什么可以不倒吗？

科学日记

_____年____月____日 星期____天气_____

不落的乒乓球

飓风可以将人或者其他物体刮离地面，今天的实验我们会用同样的原理让乒乓球也在空中飞行！

教学大纲对接

物质科学领域：学生知道力作用于物体，可以改变物体的运动形态。

你需要准备

乒乓球 1 个、吹风机 1 个

注意事项

小朋友们，请在大人的帮助下使用吹风机，请保持手的干燥，不要用湿润的手触碰电源，以防触电。

动手做一做

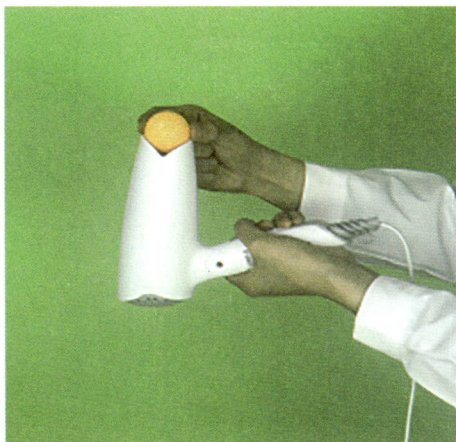

1. 将乒乓球放在吹风机出风口上面。

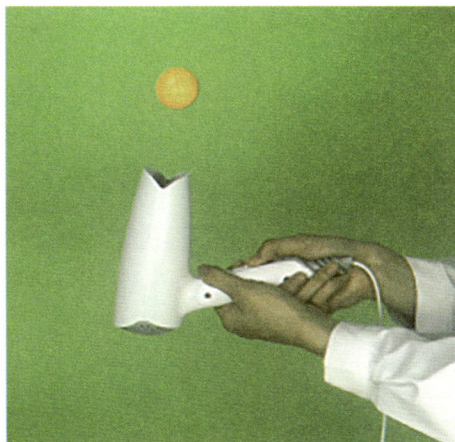

2. 将吹风机的电源接好，调至最强档，观察乒乓球的状态。

扫描二维码可以观看实验视频哦！

发生了什么 （答案可以在实验视频中找到哦）

实验的原理

　　空气流速快的地方压强小，流速慢的地方压强大。吹风机吹出的气流朝上对着乒乓球吹，乒乓球底部空气流速快，压强小，顶部空气流速慢，压强大，大气对乒乓球有向下的压力，乒乓球受到的冲击力和大气对乒乓球向下的压力达到平衡，这时乒乓球不会被吹走，而是浮在空中跳动。

知识小链接

小朋友们，我们来看一下生活中省力平衡的一些小例子：置于水平面的物体，它的重力与支持力也是平衡的；匀速提升的物体，所受到的拉力与重力也是平衡的。

请你来思考

小朋友们，怎样才能尝试一次送 2 个或者 2 个以上的乒乓球升空呢？

科学日记

_____ 年 ___ 月 ___ 日 星期 ___ 天气 _____

磁铁钓鱼

小朋友们，你钓过鱼吗？你能想象出用磁铁钓鱼的场景吗？这次实验我们尝试一下用磁铁"钓鱼"，看看会不会"钓"得更多！

教学大纲对接

物质科学领域：学生认识磁铁并知道磁铁的特性。

你需要准备

盛水容器 1 个、磁铁 1 块、细线 1 根、纸 4 张
回形针 4 个、木棒 1 根、剪刀 1 把、铅笔 1 根

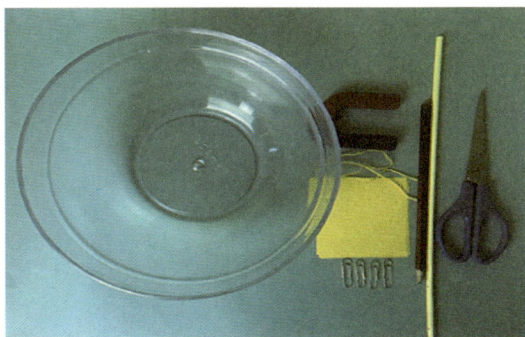

注意事项

小朋友们，请在大人的帮助下使用剪刀，以防伤到手哦。

动手做一做

1. 在纸上画出鱼的形状。

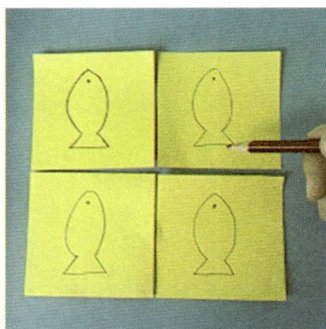

2. 用剪刀把鱼剪下来。

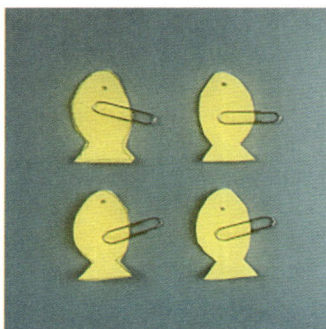

3. 把回形针别到每条鱼上。

4. 轻轻地将鱼放到水缸里，小心让这些"鱼"浮在水面上，鱼沉下去也没关系。

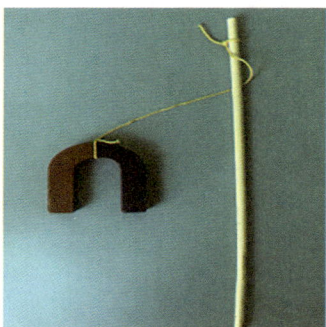

5. 把细绳的一端系到磁铁上，另一端系到木筷上，制作好钓鱼竿。

6. 把磁铁钓鱼竿放到水中。

扫描二维码可以观看实验视频哦！

发生了什么 （答案可以在实验视频中找到哦）

实验的原理

　　磁铁具有磁性，我们的鱼上别有回形针，回形针是铁制的，可以被吸到磁铁上。因此当我们将磁铁靠近鱼时，它们会被钓上来。

知识小链接

　　你知道磁铁能吸引哪些金属吗，为什么能吸引呢？其实重点是磁场不是磁铁，磁铁就是一个能够制造磁场，并且能吸引其他磁性物体的东西，磁铁只能吸引金属，而在所有的金属中，只有铁、钢、钴以及镍有磁性，而其他如铝等金属则完全没有磁性，因此磁铁只能吸引有磁性的铁、钢、钴以及镍。

请你来思考

小朋友们，你能列举出符合本实验原理的生活现象吗？

科学日记

_____年____月____日　星期____天气_____

钓冰块

　　钓鱼是很多小朋友都很喜欢的一项活动，小朋友们，你们去钓过鱼吗？不过今天，我们的实验不是钓鱼，而是比钓鱼还神奇的实验——钓冰块，那么冰块是怎样钓上来的呢？接下来我们一起看看吧。

教学大纲对接

　　物质科学领域：引导学生知道水和冰是水的不同状态，都是同一种物质，水和冰可以相互转化。

你需要准备

　　勺子 1 个、盐少量、冰 1 块、盘子 1 个、棉线 1 根

注意事项

　　冰块很凉，小朋友们小心不要冰到手哦。并且撒盐的时候量不要太多，实验才会成功。

动手做一做

1. 把冰块放到盘子里，然后把棉线搭到冰块中央。

2. 沿着棉线在冰块上均匀撒上少量的盐。

3. 静置1到2分钟，提起棉线，观察现象。

扫描二维码可以观看实验视频哦！

发生了什么 （答案可以在实验视频中找到哦）

实验的原理

盐撒到冰块表面，会使接触到盐的这部分冰的凝固温度降低，融化成水。随着融化的水越来越多，盐水浓度降低了，凝固温度升高，融化的水就又重新结冰，于是棉线和冰块就被冻在一起了。

知识小链接

冬天下大雪的时候，我们会用工业盐来融化积雪，并及时把雪水清除掉，减少生成更滑的冰面，保证大家的出行安全。

请你来思考

小朋友们，想一下为什么冬天的时候小河会结冰而大海却不会结冰呢？

科学日记

_____年_____月_____日　星期_____天气_____

反应迟钝的硬币

小朋友们，想象一下如果你把纸放在瓶子的瓶盖上，再在上面放一枚硬币，抽掉纸，硬币会掉下来吗？别着急，接下来我们做个小实验来看看硬币会不会掉下来吧。

教学大纲对接

物质科学领域：引导学生学习牛顿第一运动定律，了解一切物体都有维持运动状态不变的性质。

你需要准备

塑料瓶（装满水）1 个、硬币 1 枚、纸条 1 张

注意事项

小朋友们，抽掉纸条的时候速度一定要快实验才会成功哦。

动手做一做

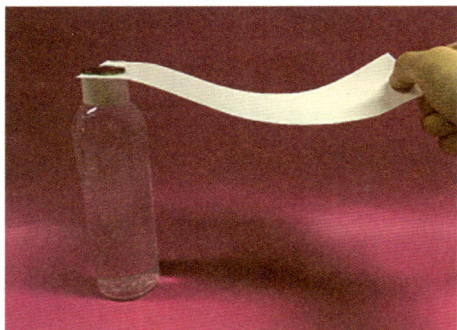

1. 将纸条放到瓶盖处，上面再压1枚硬币。

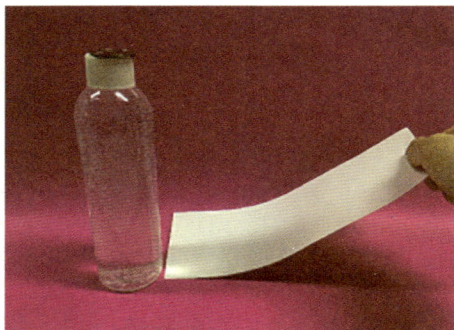

2. 用手迅速将纸条抽走，观察硬币是否掉落。

扫描二维码可以观看实验视频哦！

发生了什么 （答案可以在实验视频中找到哦）

实验的原理

　　在物理学里，惯性是物体抵抗其运动状态被改变的性质。物体的惯性可以用其质量来衡量，质量越大，惯性也越大。因此快速抽出纸币时，由于惯性硬币并不会随着纸币而去，而是保持刚才在瓶口的状态。

🔬 知识小链接

惯性是具有保持静止状态或匀速直线运动状态的性质即保持运动状态不变的性质。一切物体都具有惯性，无论是固体、液体或气体，无论物体是运动还是静止，都具有惯性。

请你来思考

生活中惯性的应用有很多，小朋友们都知道哪些实例呢？

📚 科学日记

_____年_____月_____日 星期_____天气_____

分离铁粉和沙子

扬子江

宋·文天祥

几日随风北海游，回从扬子大江头。

臣心一片磁针石，不指南方不肯休。

小朋友们，你见过磁铁吗？中国古代劳动人民在很久以前就已经积累了对磁现象的认识，正如诗中所写，磁石可以指向南方，古代人民很早之前就发现了磁的这个特性。那你还知道磁铁有哪些特性呢？今天我们一起通过实验了解一下磁铁的其他特性！

教学大纲对接

物质科学领域：学生了解磁铁具有磁性，可对某些物体产生吸引作用。

你需要准备

透明杯子 1 个、扁木棒 1 根、铁粉 1 包、沙子 1 包

双面胶 1 块、圆形磁铁 1 个

⚠ 注意事项

小朋友们，实验中请小心将铁粉和沙子倾倒在透明杯子中，不要洒出，实验后及时将手清洗干净。

🐝 动手做一做

1. 先把双面胶粘在扁木棒一端，然后将磁铁粘在双面胶上。

2. 把铁粉全部倒进杯子中。

3. 把扁木棒放在杯子的外侧，上下移动，观察铁粉的运动情况。

4. 把沙子全部倒进杯子中，摇晃使它们混合在一起。

5. 然后把扁木棒伸进杯子中，观察实验现象。

扫描二维码可以观看实验视频哦！

发生了什么 （答案可以在实验视频中找到哦）

实验的原理

当磁铁靠近铁粉时，铁电子按照一定方向整齐地排列起来，显现出磁性，这样铁粉和磁铁的不同极之间产生吸引力，铁粉就被磁铁吸出来了。

知识小链接

磁铁是指可以产生磁场的物体或材质，通常用金属合金制成，具有强磁性。磁铁有多种不同的形状，让我们一起来认识一下吧。

请你来思考

小朋友们，你知道哪些物质可以被磁铁吸引吗？

科学日记

_____年____月____日 星期____天气_____

会吹气球的瓶子

　　小朋友们，你喜欢玩气球吗？那你知道怎样可以让气球变大吗？我们可以用嘴巴吹气使它变大，还可以用打气筒打气使它变大。除了这两种方法外，你还知道别的好办法吗？今天就让我们再来学习一种让气球变大的方法吧！

教学大纲对接

　　物质科学领域：了解物质的属性和变化。

你需要准备

　　塑料瓶 1 个、食用小苏打少许、白醋少许、气球 1 个、漏斗 1 个

🔭 注意事项

小朋友们，实验中不要将白醋和小苏打的混合物溅入眼中，实验后要及时清洗双手。

🛸 动手做一做

1. 往塑料瓶中倒入约 1/4 瓶白醋。

2. 将漏斗插入气球中，通过漏斗往气球中加入小苏打。

3. 将装有小苏打的气球套在塑料瓶口。

4. 将气球中的小苏打快速倒入塑料瓶。

扫描二维码可以观看实验视频哦！

发生了什么 （答案可以在实验视频中找到哦）

实验的原理

小苏打的主要成分是碳酸氢钠，当它与白醋混合后，会产生大量的二氧化碳气体，由于瓶中的二氧化碳气体逐渐增多，使得气球也逐渐变大。

知识小链接

小朋友们，你知道吗？小苏打和白醋是一种既环保又安全的家庭洗洁剂，无论是清洗厨房水槽、浴室，都非常好用。此外，小苏打还可以增强洗衣效果，在洗衣液中加入少量小苏打，可以使得衣物颜色更鲜艳。我们学习了这些有用的科学小知识，今后在家中可以成为妈妈的好帮手。

请你来思考

小朋友们，如果将气球套在装满碳酸饮料的瓶口上并摇晃瓶子，气球会变大吗？

科学日记

_____年____月____日 星期____天气_____

会潜水的乒乓球

　　小朋友们，你们知道为什么乒乓球会漂浮在水面吗？我们是否可以找到一种办法让乒乓球学会"潜水"？其实利用生活中的一些简单材料就能让乒乓球"潜水"。让我们一起来探索吧！

教学大纲对接

　　物质科学领域：了解物体运动的改变和施加在物体上的力有关。

你需要准备

　　烧杯（装水）1 个、乒乓球 2 个、玻璃杯 1 个

注意事项

小朋友们，实验中请安全使用玻璃杯和烧杯。

动手做一做

1.把2个乒乓球放入水中，发现它们都漂浮在水面。

2.用手直接将其中1个乒乓球按入烧杯底部，放手后，乒乓球迅速浮起来。

3.把杯子倒过来罩住另1个乒乓球，垂直向下推到底。

扫描二维码可以观看实验视频哦！

发生了什么 （答案可以在实验视频中找到哦）

实验的原理

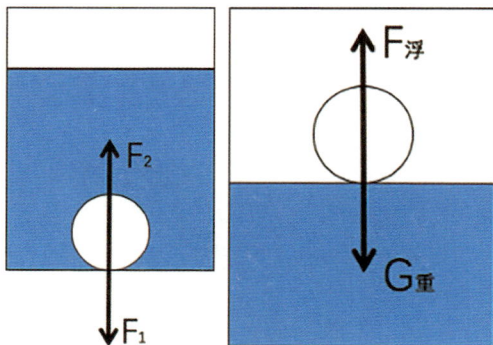

当乒乓球漂浮在水面时，受到竖直向上水的浮力 F 以及竖直向下的重力 G 的作用，且两个力大小相等方向相反，F＝G，乒乓球受力平衡。当把乒乓球往水里按压，乒乓球所受浮力增大，当手松开后，就会立即浮上水面再次保持受力平衡。当玻璃杯罩住乒乓球按压到水底时，玻璃杯内空气被压缩，气压增大，对乒乓球施加向下的压力。相应的，乒乓球所受浮力也增大，最终乒乓球受到向下重力及压力的合力 F1，以及向上的浮力 F2 的作用，F1＝F2，且方向相反，最终乒乓球受力平衡，在水下保持静止。

知识小链接

小朋友们，乒乓球是中国的国球，但是其发源地却不在中国，而是在英国。19 世纪末，欧洲盛行网球运动，但由于受到场地和天气的限制，英国有些大学生便把网球移到室内，以餐桌为球台，书作球网，用羊皮纸做球拍，在餐桌上打来打去。后来球就演变成了空心球，木板代替了网拍，最终演变成了我们今天熟知的乒乓球运动项目。

请你来思考

小朋友们，现实生活中还有哪些现象应用浮力原理呢？

科学日记

_____年____月____日 星期____天气_____

可乐喷泉

小朋友们喜欢喝可乐吗？摇晃可乐，打开的时候是不是有气泡冒出来呢？还有什么方法能让可乐迅速冒泡吗？今天就让我们一起来做一个可乐喷泉吧！

教学大纲对接

物质科学领域：让学生们了解物质的溶解度会因为添加其他物质而发生改变。

你需要准备

可乐1瓶、食盐若干

注意事项

小朋友们可以准备1个水盆接着可乐哦，不然会弄湿桌面。

动手做一做

1. 打开可乐瓶盖，迅速倒入食盐

2. 观察实验现象

扫描二维码可以观看实验视频哦！

发生了什么 （答案可以在实验视频中找到哦）

实验的原理

　　我们可以把可乐看作一种特殊的溶液，其中含有大量的二氧化碳气体。当我们往可乐中加入食盐后，可乐溶液的浓度升高了，而二氧化碳的溶解度下降了，所以就会溢出来，形成喷泉的效果，这个过程我们称之为盐析。

知识小链接

小朋友们，利用盐析现象我们还可以自己制作肥皂哦。把油与氢氧化钠按一定比例放在皂化锅内搅拌加热，反应后往锅内加入食盐颗粒，搅拌、静置，将高级脂肪酸钠与甘油、水分离，使其浮在液面上。最后放到模具中冷却、定型，就可以做出各种形状的手工皂啦！（氢氧化钠具有强腐蚀性，请戴好防护手套、口罩和护目镜，在家长的看护下操作）

请你来思考

小朋友们，食盐除了可以析出二氧化碳，还能析出其他什么物质吗？

科学日记

_____年____月____日 星期____天气_____

空气炮

小朋友们，你们听说过迫击炮、火箭炮和榴弹炮吗？军人用这些兵器保护着我们的家园，保卫着我们的领土，我们才能幸福快乐地生活。还有一种炮，我猜很多小朋友都没有听说过，因为这是我们接下来要做的小实验哦，它的名字叫空气炮，小朋友们期待吗，那我们马上来动手制作吧！

教学大纲对接

物质科学领域：空气是无色无味的，空气也是无处不在的，通过实验引导学生认识空气的存在。

你需要准备

塑料杯 1 个、蜡烛 1 个、气球 1 个、剪刀 1 把、工具刀 1 把

注意事项

小朋友们要小心使用剪刀和工具刀，避免伤到手哦，并且请你的家长来帮你点燃蜡烛吧。

动手做一做

1. 用工具刀把塑料杯底部划开一个小孔。

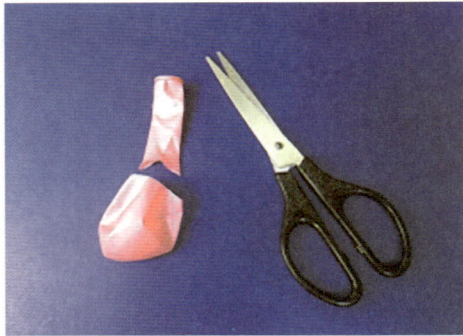

2. 用剪刀把气球从中间剪断。

3. 选择球面部分套在塑料杯口上，不能漏气。

4. 将蜡烛点燃，将塑料杯的小孔对准蜡烛，相距一定的距离，用手抓住气球中间部分往后拉。

5. 松开手，观察蜡烛。

扫描二维码可以观看实验视频哦！

发生了什么 （答案可以在实验视频中找到哦）

实验的原理

当松开塑料杯底的气球膜时，杯子内的体积瞬间减小，压力瞬间增大。杯子里的空气一下子向着唯一的开口集中冲出去。因为开口小，空气威力大，能把远处燃烧的蜡烛吹灭。

知识小链接

真正的空气炮是一种清洁、无污染、低耗能的理想清堵吹灰设备，它是利用空气动力原理，工作介质为空气，可以产生强大的冲击力。这种设备应用非常广泛，在工业生产中有非常重要的作用。当运输管道发生堵塞时，打开空气炮，利用它产生的强大气流一吹就畅通了。

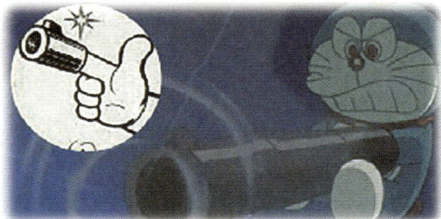

请你来思考

小朋友们，空气是看不见摸不着的，你能想办法证明它是存在的吗？

科学日记

_____年____月____日 星期____天气_____

平衡鸟

小朋友们，你们看到过高空走钢丝的表演吗？表演者手中拿着一根杆子，就能在细细的钢丝上行走而不会掉下去。想知道这是为什么吗，接下来我们一起做个小实验来探究一下高空走钢丝的奥秘吧。

教学大纲对接

物质科学领域：引导学生了解重心是什么，通过实验学生能够自己感受并找到重心的位置。

你需要准备

白纸 1 张、回形针 2 个、铅笔 1 支、剪刀 1 把

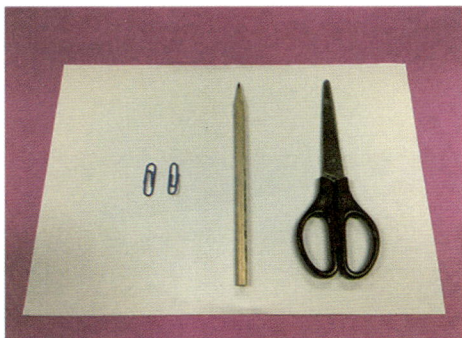

注意事项

小朋友们，实验过程中最好请家长来帮忙剪纸哦。

动手做一做

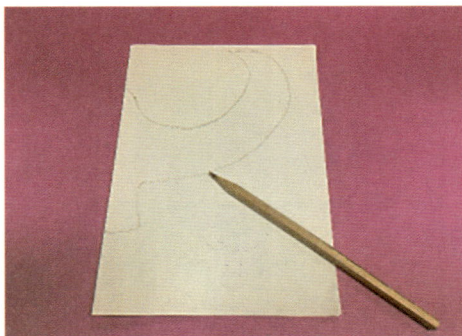

1.将纸从中间对折，用铅笔在纸上画出半只鸟的图案。

2.用剪刀沿着轮廓剪下来。

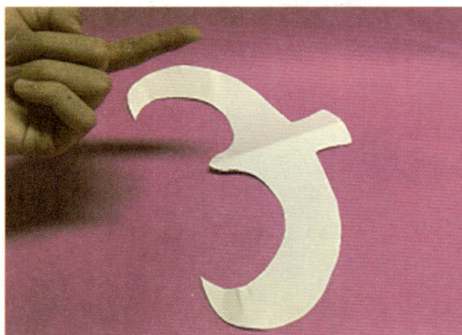

3.尝试将小鸟的嘴钩在指尖，小鸟立马就掉下来。

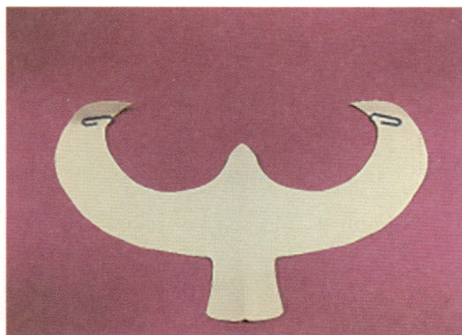

4.将回形针别在小鸟的翼尖两端。

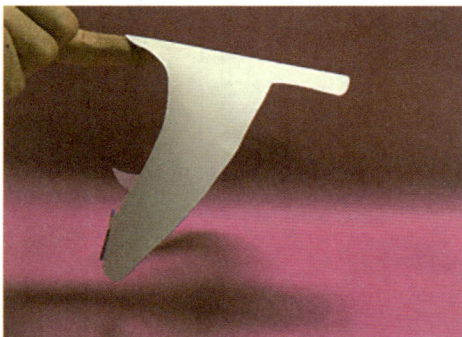

5.再次尝试把小鸟的嘴钩在指尖，小鸟就能保持平衡不会掉落了。

扫描二维码可以观看实验视频哦！

发生了什么 （答案可以在实验视频中找到哦）

实验的原理

把回形针别在鸟翼上后，重心由鸟身体中部移到了鸟嘴，小鸟在横向上是对称的，此时指尖位于小鸟重心的铅垂线上，鸟就能保持平衡了。高空走钢丝的表演者拿一根杆子就是为了平衡重心，掌握好重心才能保持平衡。

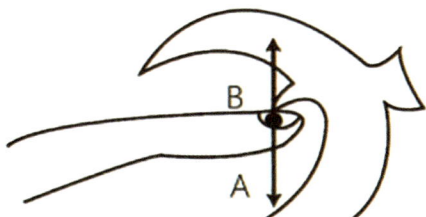

知识小链接

重心：物体的质量中心，能够保持物体平衡的点就是重心。物体的重心，不一定在物体上。

请你来思考

小朋友们，你还知道其他有关重心的例子吗？

科学日记

_____年____月____日 星期____天气_____

气球躺钉板

小朋友们，如果我们踩在一颗钉子上，它可能会刺伤你，但是人们可以躺在成百上千的钉子垫上却毫发无伤。这是怎么做到的呢？今天就让我们化身科学探索家，通过一个实验去了解其中的奥秘吧！

教学大纲对接

物质科学领域：学生初步了解在压力不变的情况下，增大接触面积可以减小压强。

你需要准备

大头钉若干、气球 1 个

注意事项

小朋友们，制作"钉板"时要耐心，确保所有的大头钉的高度一致。

动手做一做

1. 用打气筒给气球打气，或者用嘴巴给气球吹气。

2. 将气球放在一个大头钉上，我们发现气球被大头钉瞬间扎爆了。

3. 将气球放在大头钉组成的"钉板"上，按压气球，观察实验现象。

扫描二维码可以观看实验视频哦！

发生了什么 （答案可以在实验视频中找到哦）

实验的原理

在压力不变的情况下，接触面积增大，压强就会减小。当只有1个大头钉时，这个反作用力只通过1个大头钉的面积作用在气球上，压强很大，气球会被扎破。而当有多个大头钉时，同样大小的作用力会平均分配在这些大头钉上，每一根大头钉的反作用力就很小，这样气球就不会被扎破了。

知识小链接

小朋友们，我们在电视中经常看到这样一种杂技表演：有些人肚子上放着石板，任人用大锤子砸，但表演的人并没有受伤。难道这些人有"金刚不坏之身"吗？其实是因为石板的面积很大，锤头的力量被分摊后压强并不大，表演者熟练后就不会受伤，但这是一种专业的杂技表演，小朋友可千万不要模仿哦。

请你来思考

小朋友们，生活中还有哪些通过增大接触面积来减小压强的例子呢？

科学日记

_____年____月____日 星期____天气_____

停不下来的硬币

小朋友们，你们见过硬币吗？你们玩过气球吗？你们想象过硬币和气球在一起会发生什么吗？接下来，我们就动手一起来做一做。

教学大纲对接

物质科学领域：学生初步认识到力作用于物体，力可以改变物体的运动状态。

你需要准备

硬币 1 个、气球 1 个

注意事项

1. 小朋友们，尽量准备 1 角或者 5 角的硬币哦，这样气球不用吹太大，实验就可以成功哦。

2. 小朋友们，在实验过程中一定要注意硬币在气球内部摩擦过多气球会爆炸，所以，转动气球要适当。

动手做一做

1.将硬币放入气球中。

2.吹起气球，扎住气球口。

3.快速转动气球，观察实验现象。

扫描二维码可以观看实验视频哦！

发生了什么（答案可以在实验视频中找到哦）

实验的原理

当快速转动气球时，会产生向心力，致使硬币也跟着转动起来。停止转动气球后，硬币仍然受向心力和惯性的影响继续转动。

知识小链接

　　小朋友们，你们知道吗？摩托车铁笼飞车和气球里的硬币是一个道理。看起来惊险又刺激的摩托车铁笼飞车，其实也是因为向心力和惯性的作用。摩托车在铁笼里起速时，速度一定要快，不然，速度太慢了向心力就会变小，惯性这时候也会比较小。当选手们在铁笼里风驰电掣之后，也要慢慢减速，减小向心力和惯性，这时候摩托车才会慢慢停下来。

请你来思考

　　小朋友们，该实验如果将硬币换成玻璃球，会怎么样呢？

科学日记

_____年____月____日　星期____天气_____

土电话

小朋友们，请想象一下如果你现在没有手机，那你如何向你的小伙伴传递信息呢？今天的实验我们来制作一个土电话，赶紧用它向你的伙伴说说悄悄话吧！

教学大纲对接

物质科学领域：学生初步认知声音因物体振动而产生，并了解声音可以在气体、液体、固体中传播。

你需要准备

一次性纸杯 2 个、棉线 1 团、牙签 2 根

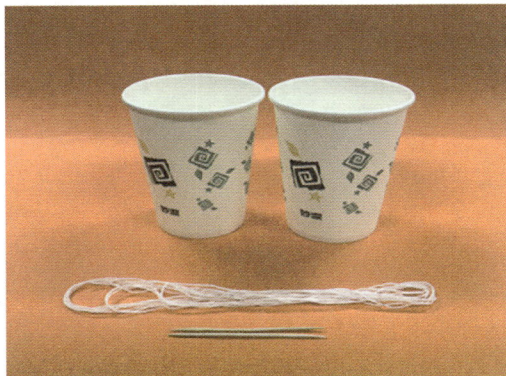

注意事项

1. 小朋友们，纸杯底部的孔不能穿太大，否则会影响通话效果哦。

2. 小朋友们，使用土电话时两个纸杯之间的棉线一定要绷紧。

动手做一做

1. 在 2 个一次性纸杯上分别用牙签钻 1 个小孔。

2. 把棉线的两端分别穿入小孔。

3. 把棉线的两端分别绑在牙签上。

4. 将牙签如图示位置固定，然后将棉线拉直，对着纸杯说话。

扫描二维码可以观看实验视频哦！

发生了什么 （答案可以在实验视频中找到哦）

实验的原理

　　声音是由振动产生的，土电话通过棉线的振动把声波传递出去，当棉线拉得很紧的时候，棉线上各个质点间的作用才能使振动向远处传播，即一个带动一个把振动传下去，因此我们就能听到电话另一端发出的声音了。

知识小链接

　　小朋友们，土电话是利用声音可以在固体中（棉线）传播的原理制作的，其实声音还可以在气体和液体中传播。比如上课的时候你可以听见老师说话是因为声音可以在气体中传播；你在水中游泳可以听到声音是因为声音可以在液体中传播。

请你来思考

小朋友们，如果用土电话通话时，一位同学用手捏住线的某一部分，对方能听到声音吗？为什么？

科学日记

_____年____月____日 星期_____天气_____

我会制作广告气球

小朋友们，你在大街上见到过会跳舞的广告气球人吗，想不想知道它们为什么会跳舞呢？今天的实验，我们就亲手制作一个广告气球人，来了解一下其中的奥妙之处吧。

教学大纲对接

物质科学领域：学生了解空气占据一定的空间。

你需要准备

盛水容器1个、塑料瓶1个、彩笔1支、线1团、剪刀1把、橡胶手套1只

注意事项

小朋友，请在大人的帮助下使用剪刀，以免伤到手。

动手做一做

1. 在橡胶手套上写上字母或画出你喜欢的图案,请小朋友们尽情发挥想象力。

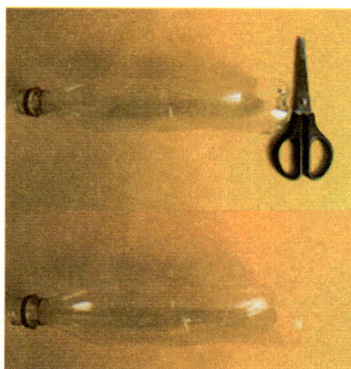

2. 用剪刀将塑料瓶底部剪掉。

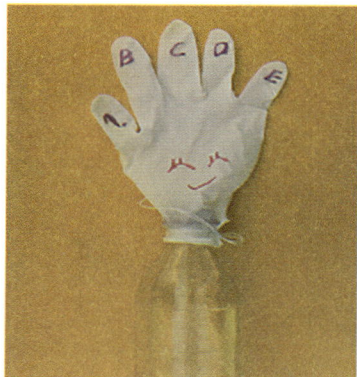

3. 用线将橡胶手套固定在塑料瓶的瓶口上。

4. 将玻璃容器中装满水。

5. 把塑料瓶放入水中,用力往下按压塑料瓶。

扫描二维码可以观看实验视频哦!

发生了什么 （答案可以在实验视频中找到哦）

实验的原理

　　空气是占据一定的空间的，当塑料瓶下压的时候，水进入瓶内把原本瓶内的空气往上推，这些空气在推力的作用下进入橡胶手套之后，手套就变得鼓鼓的；如果将塑料瓶从水中拿出，空气流走后，手套又会瘪瘪的。

知识小链接

　　小朋友们，你们都听过乌鸦喝水的故事吗？水、石子都占据空间，所以乌鸦巧妙地将石子放到瓶子中，使水升了起来。今天我们通过这个实验也知道空气和水、石子一样都是占据空间的。那我们再一起来看看生活中空气占据空间的一些例子吧！

请你来思考

小朋友们，你还知道生活中哪些例子能说明空气占据一定的空间呢？

科学日记

_____年____月____日　星期____天气_____

纸人双杠运动

小朋友们，你们在电视上看过双杠比赛吗？运动员在双杠上不停地旋转、摆动，变化姿态，好像停不下来一样。小朋友们，那你们想象过纸人跳双杠的场景吗？是不是很难想象？没关系，接下来我们就动手一起来制作吧！

教学大纲对接

物质科学领域：通过实验让同学们初步认识到重力，并了解重力学现象。

你需要准备

泡沫板 1 块、竹签 5 根、吸管 2 根、棉花糖 4 块、纸人 1 个（其他卡通形象）

注意事项

小朋友们在固定竹签时一定要注意安全，另外给纸人找重心时要有耐心，多实验几次就会成功哦。

动手做一做

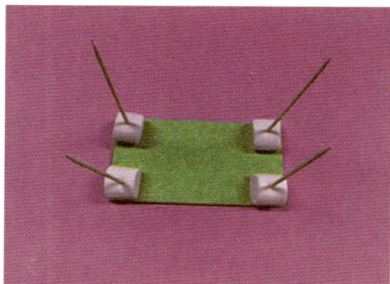

1. 用竹签将棉花糖固定在泡沫板的四个角处。

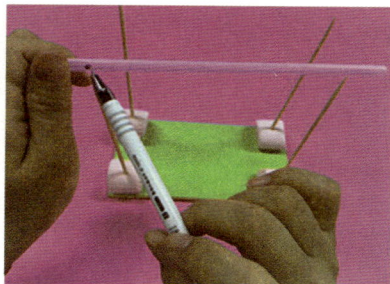

2. 用圆珠笔在吸管要固定的位置做上标记。

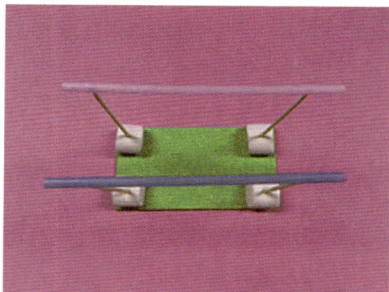

3. 将吸管固定在竹签的顶端。

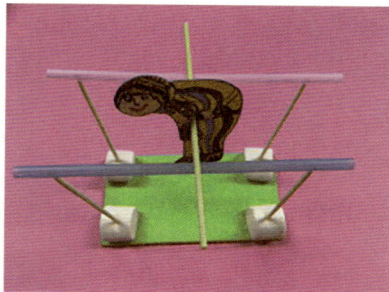

4. 找到纸人的重心位置,并用竹签穿过纸人,如图放置,用手推动小人,观察实验现象。

扫描二维码可以观看实验视频哦!

发生了什么 (答案可以在实验视频中找到哦)

实验的原理

重力在物体上的作用点叫作重心。地球对物体的重力，就是从这一点向下拉物体。重力作用于纸人的头部，当用手施加一个力推动纸人时，纸人向下翻滚至头部在上时，由于重力向下牵拉，于是纸人又重复上一个动作，直到纸人翻转至吸管另一端掉下。

知识小链接

小朋友们，你们知道吗？质量分布不均匀的物体，重心的位置除了跟物体的形状有关外，还跟物体内质量的分布有关。载重汽车的重心随装货多少和装载位置而变化，起重机的重心随着提升物体的重量和高度而变化。重心位置在工程上有相当重要的意义。例如起重机在工作时，重心位置不合适，就容易翻倒；高速旋转的轮子，若重心不在转轴上，就会引起激烈的振动。增大物体的支撑面，降低它的重心，有助于提高物体的稳定程度。

请你来思考

小朋友们，如果用铅笔或者彩笔代替竹签插在纸人上，会发生什么？

科学日记

_____年____月____日　星期____天气_____

6

自然的奥秘

　　自然是指大自然中各个事物的总体，神秘的太空、地球的昼夜交替、火山喷发、土壤的形成等等都属于自然，甚至植物的生长、开花、结果也是自然，自然是神奇的，自然充满了奥秘，接下来我们一起了解自然，揭示各种自然现象背后的科学原理，让自然不再神秘。

爱喝水的植物

小朋友们，你们喜欢喝水吗？我们喝下的水，其中有一部分通过出汗排出体外了。原来呀，不止我们会喝水、流汗，植物也同样会"喝水"、"流汗"呢，你们之前注意过吗？接下来我们一起做个小实验看看吧。

教学大纲对接

生命科学领域：植物能够适应环境，可制造和获取养分来维持自身的生存，通过实验让学生了解植物的茎吸水和叶的蒸腾作用。

你需要准备

植物（带叶子）1 株、瓶子 1 个、保鲜袋 1 个、橡皮筋 1 根、植物油 1 杯、记号笔 1 支

注意事项

小朋友们，实验过程中注意不要把水和油洒出来哦，并且塑料袋一定要扎紧，漏气会影响实验效果。

动手做一做

1. 把植物油倒入瓶子里的水面上。

2. 用记号笔标示出水面的位置为"1"。

3. 把保鲜袋套在植物上并用橡皮筋扎好保鲜袋口。

4. 把植物放在阳光下静置两个小时，拿回实验室观察。

5. 用记号笔标记现在的水面位置为"2"。

扫描二维码可以观看实验视频哦！

发生了什么（答案可以在实验视频中找到哦）

实验的原理

　　水沿着植物的茎上升到叶子，植物能通过叶子蒸发水分，但这些水分没能散发到空气中，它们遇到冷的保鲜袋液化成小水珠。

知识小链接

　　水分从植物体表面（主要是叶子）以水蒸气状态散失到大气中的过程叫作蒸腾作用。蒸腾作用是植物对水分的吸收和运输的一个主要动力，特别是高大的植物，假如没有蒸腾作用，由蒸腾拉力引起的吸水过程便不能产生，植株较高部分也无法获得水分。

请你来思考

　　小朋友们，你们知不知道为什么大树底下好乘凉呢？

科学日记

_____年____月____日　星期____天气_____

杯中雨

小朋友们都看过西游记吧，孙悟空想让天空降雨，于是他召唤风婆婆和雨神，两位神仙使出"法力"后，天空中神奇地降雨了。但这是美好的神话故事，现实生活中并不存在风神和雨神，降雨是一种自然现象，那你知道雨是如何形成的吗？今天就让我们一起探索一下吧！

教学大纲对接

地球与宇宙科学领域：学生知道雨是一种自然现象，并知道雨的形成原因。

你需要准备

食用色素3瓶（红黄蓝色）、玻璃杯1个、泡沫状洗手液1瓶

🔭 注意事项

1. 小朋友们，实验中滴入色素时要小心，弄到手上不易清洗哦。

2. 小朋友们，玻璃杯上的泡沫要保证完全覆盖水面哦。

🛸 动手做一做

1. 往玻璃杯中倒入 3/4 的水。

2. 往玻璃杯上方挤入泡沫状洗手液，保证水面完全覆盖。

3. 玻璃杯中依次滴入红色、蓝色、黄色的食用色素，观察实验现象。

扫描二维码可以观看实验视频哦！

📚 发生了什么 （答案可以在实验视频中找到哦）

实验的原理

在我们的实验中，泡沫状洗手液代表云层，水代表空气，食用色素代表降雨。食用色素"沉淀"饱和，泡沫状洗手液"云"变重，当云再也承受不了重量时，不同颜色的食用色素就穿过云"下雨"了，就像雨从空中落下一样。冷水中的分子慢慢地移动，所以食用色素在水里扩散需要更长的时间。

知识小链接

雨形成的基本过程是：空气中的水蒸气在高空受冷凝结成小水点或小冰晶，小水点或小冰晶相互碰撞、并合，变得越来越大，大到空气托不住的时候便会降落下来，当低空温度高于 0℃时，便是雨。

请你来思考

小朋友们，如果将实验中的冷水换成热水，会对结果产生什么样的影响？请你试验一下。

科学日记

_____年____月____日　星期____天气_____

变色白菜

小朋友们，你们喜欢吃白菜吗？俗话说："百菜不如白菜"，白菜的营养价值非常高。那么我们生活中见到的白菜都是什么颜色的呢？你有没有见到过会变色的白菜？别着急，接下来我们就来做个小实验欣赏一下美丽的变色白菜。

教学大纲对接

生命科学领域：植物能适应环境，可制造和获取养分来维持自身的生存。

你需要准备

玻璃杯 2 个、色素 2 瓶、白菜叶 1 片、工具刀 1 把

注意事项

小朋友们使用刀具的时候要请家长来帮你哦。

动手做一做

1.将2种色素分别滴到2个玻璃杯内。

2.向2个玻璃杯里加入适量的水。

3.把白菜白色部分从中间切开。

4.将切开的白菜分别插到2个玻璃杯里，静置一夜。

扫描二维码可以观看实验视频哦！

发生了什么 （答案可以在实验视频中找到哦）

实验的原理

　　植物是通过根部吸收水分，白菜叶子中有很多"管道"，"管道"半径越小，水上升的高度越大。因此可以轻松地把从根部吸收的水分，输送到叶片的各个部分，色素随着水就被运输上来了，水分子蒸发后，只留下了色素。

知识小链接

　　在自然界和日常生活中有许多毛细现象的例子，例如松土壤可以破坏土壤的毛细管来减少水分的蒸发，还有砖块吸水、毛巾吸汗等都是常见的毛细现象。

请你来思考

　　小朋友们，请你想一想还可以用什么植物来代替白菜做这个实验呢？

科学日记

_____年____月____日　星期____天气_____

地球的昼夜交替

小朋友们，你们知道为什么会有白天和黑夜吗？是因为太阳的东升西落吗？今天我们来做一个小实验揭示昼夜交替现象的原理吧。

教学大纲对接

地球与宇宙科学领域：让学生们了解地球每天围绕地轴自转，形成昼夜交替等有规律的自然现象。

你需要准备

火柴1盒、蜡烛1根、地球仪1个

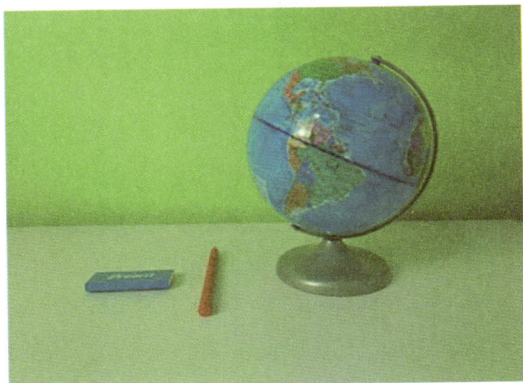

注意事项

为了安全，小朋友需要让大人协助点燃蜡烛，全程需要有大人的陪伴。

动手做一做

1.点燃蜡烛。

2.关上灯，把蜡烛当作太阳。

3.转动地球仪，观察地球仪表面的明暗变化。

扫描二维码可以观看实验视频哦！

发生了什么 （答案可以在实验视频中找到哦）

实验的原理

点燃蜡烛后，地球仪上明亮的部分为白天，黑暗的部分为黑夜。如果不转动地球仪，白天和黑夜部分不会发生变化。但一旦转动地球仪，白天和黑夜就会出现变化。转动地球仪相当于地球的自转，地球以地轴为中心，自西向东旋转，每天自转一圈。这就是白天和黑夜产生的原因。

知识小链接

我们将昼半球和夜半球的分界线（圈）称之为晨昏线（圈）。晨昏圈把它通过的纬线圈分为昼弧和夜弧，昼弧和夜弧的长短可表示为该纬线圈昼夜长短的状况。在北半球的春分日、秋分日，晨昏圈同某一经线圈相重合，全球各地的昼夜时间大致是对等的。

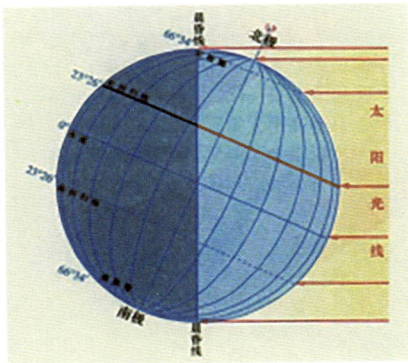

请你来思考

地球的自转造成了昼夜交替，那四季交替是受什么影响的呢？

科学日记

_____年____月____日 星期____天气_____

地球是圆的

小朋友们，我们都知道地球是圆的，那你们有没有办法来证明地球是圆的呢？今天就让我们做一个简单的实验来证明地球是圆的。

教学大纲对接

地球与宇宙科学领域：认识地球是圆的。

你需要准备

带桅杆的小纸船 1 个、篮球 1 个

注意事项

小朋友们，纸船的折叠可以在网上搜到教程哦。

动手做一做

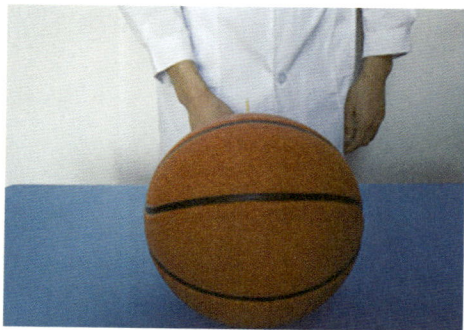 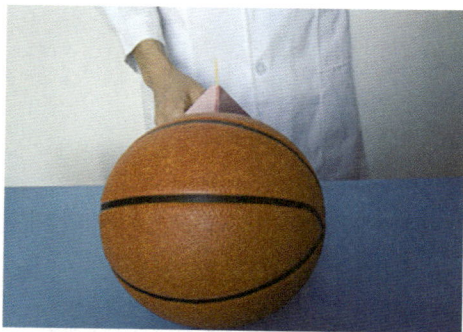

1. 让纸船从篮球的背面开始沿着篮球向上滑动，我们会首先看到纸船的桅杆。

2. 渐渐地，我们看到了纸船的前端，之后继续让纸船滑动。

扫描二维码可以观看实验视频哦！

发生了什么 （答案可以在实验视频中找到哦）

实验的原理

因为地球是圆的，所以当船离我们很远的时候，我们首先看到的是船的桅杆，其次是船的前端，最后看到整只船。如果地球是平的，那么无论船离我们有多远，我们都应该能够直接看到船的全貌。

知识小链接

这张著名的照片叫蓝色弹珠，也是微信最初的启动图片。这张照片由阿波罗17号太空船船员于1972年12月7日所拍摄。人类在太空中眺望母星并拍下的这张照片充分证明了地球是圆的。

请你来思考

小朋友们，你们还有什么办法能够证明地球是圆的吗？

科学日记

_____年____月____日 星期____天气_____

肺的呼吸

大家都知道我们每时每刻都在进行着呼吸，我们从空气中吸入氧气，然后再把二氧化碳作为废气呼出来。深吸一口气，可以感受到空气进入身体的舒畅。那么我们呼吸的过程是什么样子的呢？呼吸最主要的器官是什么呢？接下来我们一起进行探索吧！

教学大纲对接

生命科学领域：让学生知道肺是人体进行呼吸的重要器官，了解肺的呼吸过程。

你需要准备

塑料瓶（剪掉底部）1个、吸管1根、气球2个、橡皮筋2根、剪刀1把

注意事项

小朋友们使用剪刀的时候要注意安全，钻孔的时候要请家长来帮助你哦。

动手做一做

1. 用剪刀在瓶盖上钻个孔，大小恰能容纳吸管通过，再把一个气球从中间剪断。

2. 把吸管插进完整的气球用橡皮筋固定，把剪断气球的球面套在塑料瓶底部并用橡皮筋固定。

3. 将吸管穿过瓶盖然后把瓶盖拧到塑料瓶上。

4. 拉动固定在底部的气球，观察瓶中气球的变化。

扫描二维码可以观看实验视频哦！

发生了什么（答案可以在实验视频中找到哦）

实验的原理

吸气时：膈肌收缩，膈肌顶部下降，胸廓扩大，肺内气压小于外界气压，外界气体进入肺。

呼气时：膈肌舒张，膈肌顶部回升，胸廓缩小，肺内气压增大，大于外界气压，肺内气体排出。

知识小链接

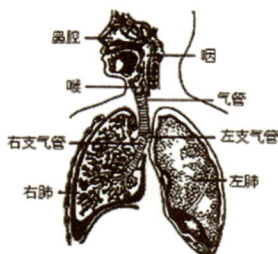

呼吸系统是执行机体和外界进行气体交换的器官的总称。呼吸系统的机能主要是与外界进行的气体交换，呼出二氧化碳，吸进新鲜氧气，完成气体吐故纳新。呼吸系统包括呼吸道（鼻腔、咽、喉、气管、支气管）和肺。

请你来思考

小朋友们，吸气的时候你的腹部是鼓起来还是凹进去呢？

科学日记

_____年_____月_____日　星期_____天气_____

黄豆发芽

　　小朋友们，我们平时吃的黄豆芽你知道是怎么来的吗？其实黄豆芽是由黄豆变来的，你想知道黄豆是怎样变成黄豆芽的吗？今天就让我们一起尝试一下黄豆发芽的实验。

教学大纲对接

　　生命科学领域：学生认识植物会经历不同的发展状态，了解种子发芽过程。

你需要准备

　　玻璃杯 1 个、塑料盘 1 个、黄豆种子若干、布条 1 块

注意事项

1. 小朋友们，一定要将黄豆浸泡 8 个小时以上。

2. 小朋友们，在黄豆发芽的过程中，一定要保证黄豆表面的湿润。

动手做一做

1. 黄豆放在杯子中浸泡 12 个小时，使坚硬的黄豆变软。

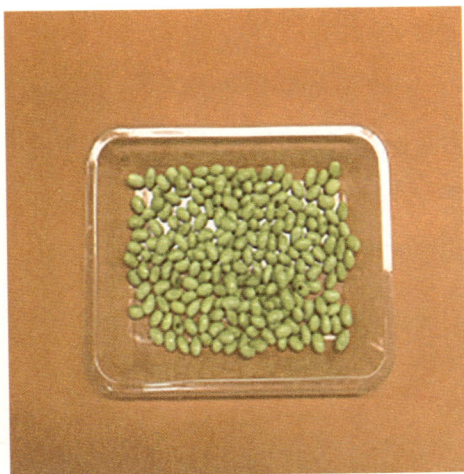

2. 将浸泡好的黄豆放入盘子中。

3. 用水将布条浸湿，用布条将黄豆盖起来。每 5 小时洒一点水，等待发芽。

扫描二维码可以观看实验视频哦！

发生了什么 （答案可以在实验视频中找到哦）

实验的原理

　　种子发芽需要具备三个条件：适宜的温度、水分和氧气。实验中我们将黄豆种子放在适宜的环境下，并保持种子表面湿润，让种子和空气接触，因此黄豆种子会发芽。由于黄豆属于中光种子，所以不论将它放在黑暗中还是有光处，它都会发芽。

知识小链接

　　小朋友们，按照种子发芽对光的敏感程度，可将种子分为三类：第一类是需光种子，即种子发芽时需要一定的光，在黑暗条件下不能

白菜种子

芹菜种子

西瓜种子

大葱种子

黄豆种子

绿豆种子

发芽或者发育不良，如白菜、芹菜种子等；第二类是嫌光种子，即种子在黑暗条件下才能发芽，有光则发育不良，如瓜类、大葱种子等；第三类是中光种子，即在有光或黑暗条件下均能正常发芽，如绿豆和黄豆等多数豆类蔬菜种子。

请你来思考

小朋友们，试着做一下实验探究怎样做才能加快或者减缓种子发芽的速度？

科学日记

_____年____月____日 星期____天气_____

火山喷发

小朋友们，你在电视上或者书上见过火山喷发吗？火山喷发是一种奇特的地质现象，是地壳运动的一种表现形式。你想模拟一下火山喷发的场景吗？这次实验我们一起去试试吧！

教学大纲对接

物质科学领域：了解物质的属性和变化。

你需要准备

白醋 1 杯、食用小苏打 1 杯、食用色素 1 瓶、盛水容器 1 个、搅拌棒 1 根

注意事项

小朋友们，实验过程中请小心不要将食用色素弄到手上，实验结束后及时洗手，并整理实验材料。

动手做一做

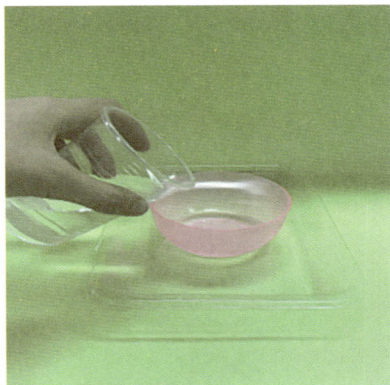

1. 将白醋倒入盛水容器中。

2. 将色素滴入盛水容器中。

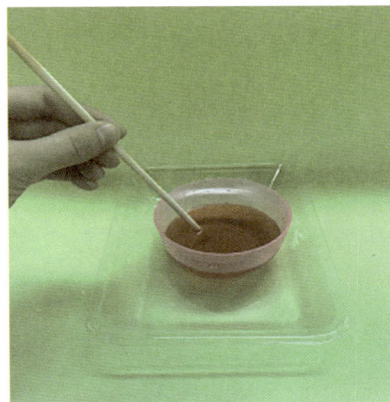

3. 用搅拌棒进行搅拌，使色素完全溶于白醋。

4. 将食用小苏打倒入盛水容器中，可在下面放一个塑料盘或者其他收纳用具，以防气泡大量外溅。

扫描二维码可以观看实验视频哦！

发生了什么 （答案可以在实验视频中找到哦）

实验的原理

　　小朋友们，你知道吗？实验中外溢的气泡相当于岩浆，碗口相当于火山口，小碗相当于火山体。白醋和食用小苏打发生化学反应产生大量二氧化碳气体，我们添加红色食用色素，致使气泡成为红色，红色气泡外溢并沿着碗口流到碗外，形成火山喷发场景。

知识小链接

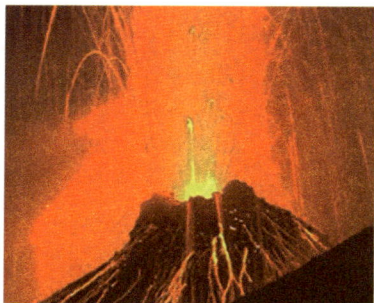

　　小朋友们，你知道火山是如何喷发的吗？我们一起来看火山喷发的过程：首先地面下的熔岩或岩浆在高压作用下上升；其次岩浆经过地球裂缝向上涌动；接下来熔岩从火山喷发而出；然后熔岩冷却，并在火山外堆积；最终堆积成山。

请你来思考

　　小朋友们，你知道世界上有哪些著名的活火山吗？

科学日记

_____年____月____日 星期____天气_____

模拟地层

小朋友们，像这样由泥土、沙子和石头等沉积物一层一层堆积凝结而成的层称为地层。为了能够让大家更好地理解，今天我们一起做一个简单的实验来模拟一下地层的形成。

教学大纲对接

物质科学领域：让学生了解到地球上岩石的组成物质，并观察到其中的自然现象和规律。

你需要准备

小木板 3 块、手工刀 1 把、橡皮泥 6 块

注意事项

1. 小朋友们，在实验过程中使用手工刀时要注意安全哦。

2. 小朋友们，在按压橡皮泥时注意大小要尽量均匀。

动手做一做

1. 将橡皮泥捏成片儿，依次放到大木片上。

2. 将小木片放到橡皮泥上，用力按压。

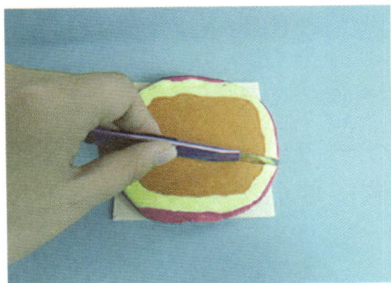

3. 用手工刀将按压过的橡皮泥慢慢地切开。

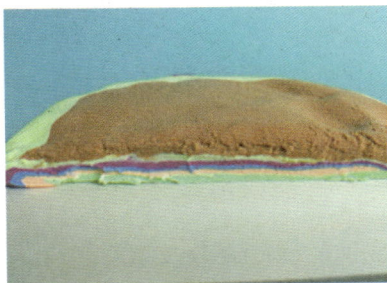

4. 观察实验现象。

扫描二维码可以观看实验视频哦！

发生了什么 （答案可以在实验视频中找到哦）

实验的原理

平行叠放的橡皮泥从上面施加力量，层与层之间的厚度就会发生改变，施加的力量越大，地层就会变得越薄，层理也因此变得更加明显，层与层之间的距离也会被缩短。

知识小链接

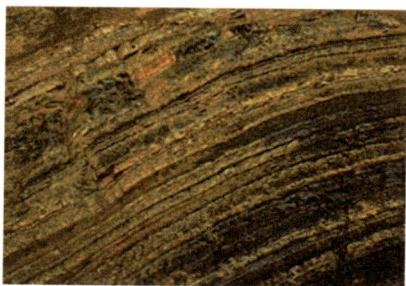

地层是由沉积物一层一层叠加形成的。以这样的方式堆积出来的地层上可以看到平行的纹理，这种纹理被称为层理。在地层模型和真实地层中都可以看到层理，而且最底层的地层是先堆积起来的，最上层的地层是最后堆积上的。

请你来思考

小朋友们，地层除了平行的纹理，你还见过什么形状的纹理？

科学日记

_____年____月____日 星期____天气_____

瓶中的龙卷风

小朋友们，你知道风是怎样形成的吗？风是由空气流动引起的一种自然现象，它是一种气流运动。在自己的手上吹一口气，轻轻地吹，你会发现风很小，当你用力地吹，你会发现风很大。如果气流运动非常快会怎么样呢？今天就让我们通过实验一起探究一下！

教学大纲对接

物质科学领域：学生知道空气的流动是风形成的原因，初步认识龙卷风并了解龙卷风形成的原因。

你需要准备

塑料盆 1 个、带孔塑料瓶盖 1 个、塑料瓶 1 个

注意事项

小朋友们，一定要用力摇晃塑料瓶子才能形成旋涡，可以请大人帮助。

动手做一做

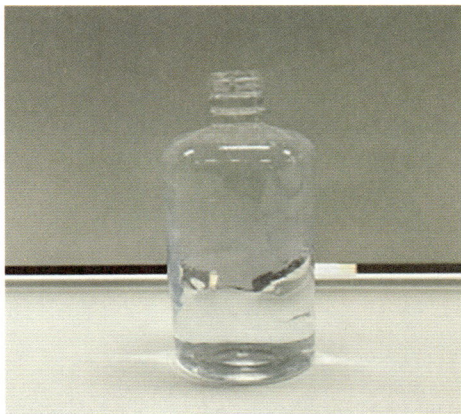

1. 将其中一个塑料瓶中注满水。

2. 将带孔的塑料瓶盖拧在注满水的塑料瓶上。

3. 用手快速摇晃塑料瓶，用塑料盆接住流出的水。

扫描二维码可以观看实验视频哦！

发生了什么 （答案可以在实验视频中找到哦）

实验的原理

快速摇晃塑料瓶，塑料瓶中间形成一个空洞，塑料瓶外面的空气就由这个空洞进入瓶子，并到达水面上方。在这些空气的挤压下，水就会很快地流出来，形成了旋涡，让我们看起来像龙卷风一样。

知识小链接

小朋友们，你听说过龙卷风吗？龙卷风是大气中最强的涡旋现象，它是从雷雨云底伸向地面或水面的一种范围很小而风力极大的强风旋涡。龙卷风常发生于夏季的雷雨天气，尤以下午至傍晚最为多见，影响范围虽小，但破坏力极大。龙卷风往往会使成片的庄稼、大树瞬间被毁灭，使交通中断，房屋倒塌，使人们遭受巨大的损失。

请你来思考

小朋友们，我们已经了解了龙卷风，你知道该如何应对可怕的龙卷风吗？

科学日记

_____年____月____日　星期____天气_____

石块风化变土壤

小朋友们，你们知道土壤是如何形成的吗？今天我们就用方块糖做一个简单的小实验，来探索一下土壤是如何形成的。

教学大纲对接

地球与宇宙科学领域：了解土壤的形成，知道土壤是地球上重要的资源。

你需要准备

方块糖若干、玻璃杯 1 个

注意事项

小朋友们，在摇晃玻璃杯的时候要小心，以免玻璃杯发生破裂。

动手做一做

1. 将方块糖放入玻璃杯中，盖上盖子。

2. 用力摇晃玻璃杯，使方块糖不断地撞击玻璃杯的杯壁。

3. 观察实验现象。

扫描二维码可以观看实验视频哦！

发生了什么 （答案可以在实验视频中找到哦）

实验的原理

　　放在玻璃杯里的方块糖在晃动的过程中，方块糖会和杯壁发生碰撞，方块糖之间也会发生碰撞。在这个过程中，方块糖的边角会被撞掉，变成粉末。石头也和这些方块糖一样，是因为碰撞的力量而粉碎，之后变成了土壤。

知识小链接

安徽省境内的黄山是我国著名的 5A 级景区，以"天下第一奇山"而闻名。黄山四绝之一的"奇石"就是由于长期的自然风化作用形成的一大特色。前山岩体节理稀疏，为多球状风化，后山岩体节理稠密，为多柱状风化。最后形成了"前山雄伟，后山秀丽"的地貌特征。

请你来思考

小朋友们，除了碰撞的外力，你还能说出哪些会造成岩石风化的因素呢？

科学日记

_____年____月____日　星期____天气_____